大人の
人づきあいも仕事もスムーズに
気くばり帖

NPO法人 日本サービスマナー協会 理事長
監修 澤野 弘

Gakken

はじめに

日常生活を送る上で、「人と人とのつながり」は欠かせません。
家族、親戚、友人や近所づきあいなど、
私たちは日々、さまざまな方々とかかわりながら生活しています。
会社では、上司、先輩、同僚、後輩、取引先の方と
おつきあいをしながら、毎日を過ごしていることでしょう。

各方面の方々とともに生きていく上で、
つねに円滑なコミュニケーションを心がけることは、とても大切です。
うまくコミュニケーションをとることで、信頼関係を築いたり、
絆を深めたりすることができるからです。

社会的な場面、またはビジネスの場面でおつきあいをする際は、
まず相手を尊重する気持ちを持ち、その気くばりを形にするために、

「言葉と態度」の両面で伝えましょう。
おつきあいをする方々への気くばりは、
「相手を察する」ことから始まります。

本書では、だれでも身につけられるように、
気くばりのマナーとコツを、簡潔にわかりやすく解説します。
読み取った内容を実践すれば、自分の成長を実感できるはずです。
きっと、今より充実した毎日を過ごせるようになるでしょう。
円滑な人間関係を築くコミュニケーションと
気くばりを身につけたみなさまが、
社会でご活躍されることを心より願っております。

2020年11月　澤野 弘

［監修］澤野 弘

NPO法人 日本サービスマナー協会 理事長

企業の財産である「人財教育」を実施しているNPO法人。経験豊富な講師陣により、マナー研修や講座、各種セミナーなどを、オンラインを含めて開催している。その範囲は広く、エアライン、ホテル、旅行、ブライダル、病院など、接客サービスが求められる業界の研修をはじめ、一般企業の社員研修やビジネスマナー教育、接客サービスマナー検定なども行う。相手先の企業担当者やお客様に喜んでいただけるサービスを提供できるようになるための研修教育を心がけている。執筆活動や講演活動を行いながら、日々新しいことに挑戦。監修に、『好かれる人のモノの言い方事典』『使える！ 伝わる！ 敬語と言葉づかい マナーの便利帖』（学研）など多数。
公式サイト ▶ https://www.japan-service.org/

CONTENTS

第2章 聞き上手になるだけで人に好かれる

社外編

第4章 今さら聞けない！大人のマナー

序章

気くばり力は特別な才能ではない！

気くばりとは、「相手を思いやり、行動する」ことです。「細やかな心づかいができる人」と言い換えることもできます。気くばり力がある人は、相手の状況を自分に置き換えて、**「自分なら何をしてほしいか」**と考え、行動します。

気くばりができる人には、だれもがよい印象を持ちます。人を選ばず、だれに対しても親切で、さわやかで、恩着せがましいところが少しもないからです。人の弱みにつけこまず、さりげない対応をして

だれにでも親切

さわやかな印象！

恩着せがましくない

さりげない対応

↓

人間関係がスムーズになり、応援してくれる仲間も増える

くれるので、相手が好印象をいだくのも当然です。仕事の場でも、細やかな配慮が評判を呼び、人間関係も自然に円滑になります。

あなたの周りに、「気くばり上手な人」はいませんか？　そして、「彼（彼女）は特別だから」と考えていませんか？

気くばり力は、選ばれた人に与えられる才能ではありません。

周囲を観察し、言葉を選び、ふるまいを少し変えるだけで、あなたも、すぐに気くばりができる人になれます。

「空気が読めない人」から「気が利いている人」に変身できます。決して、難しいことではありません。

この本を読んで、さまざまな大人の流儀を実践するうちに、気くばりは自然に身につきます。

気くばりベタ
1 観察する
2 言葉を選ぶ
3 相手に合わせる
常に相手のことを考える。
状況を正確に判断し、
だれよりも率先して行動できる
相手の気持ちがくみ取れず、
意図せず他人を傷つけたり
怒らせたりする

気くばりは、相手を察知することから始まる

気くばりは、相手を観察することがスタート地点です。**相手が今何を考えているか、どんな状態か、どうしてほしいと思っているかを察知すること**から始めましょう。

超能力のように、相手が求めていることすべてを見通す必要はありません。相手が何気なく出しているサインを見逃さないようにするだけで、次に何をするべきか、わかるようになります。**「自分ならこう思う」**と考えてみたり、**過去の体験に手がかりはないかと考えてみたりすること**も大切です。

相手が望んでいることを察知できたら、あとは、

自分なら、どうしてもらいたいと思うか？
あのときは、こうだった！この場合は……

察知するためのアプローチ

- 相手のサインを見つける
- 「自分なら？」と考える
- 過去の体験を思い出す

それを言動や行動で示せばいいだけ。とてもシンプルなことのように思えますが、じつは、ここに少しだけテクニックが求められます。

コミュニケーションには誤解がつきもの。接し方やタイミングを間違えると、こちらの意図がうまく伝わらないことがあるからです。

では、さりげなく、誤解されずに「気くばり」を表現するために、どんなことを心がければよいのでしょうか。ポイントは大きく分けて4つあります。

それは、❶**伝え方**、❷**聞き方**、❸**対応力**、❹**大人のマナーです。**

この4つのポイントを図にすると、下のようになります。❹大人のマナーをベースにして、❶❷❸のテクニックが成立するという関係です。

次ページからは、具体的にこの4つのポイントについて解説します。

気くばりを表現するための

4つのポイント

話し方を含めた伝え方、心を開いてもらう聞き方、そして状況に合わせてコミュニケーションを選択する力（対応力）。この3つの力を支えるのが、大人のマナーです。

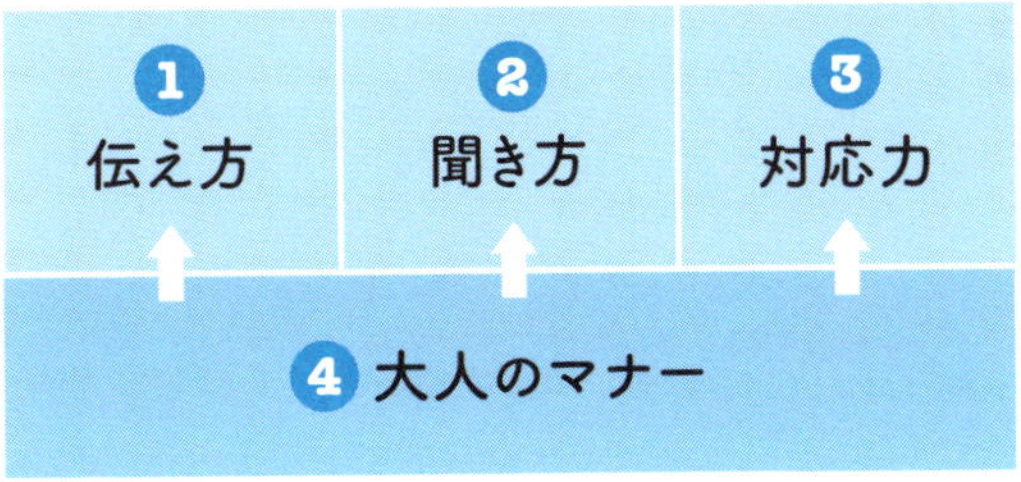

伝え方

相手を尊重する気持ちは言葉のセレクトと態度で決まる!

　気くばりをするときは、シチュエーションに合わせ、どんな言葉でメッセージを伝えたらよいかを考えます。プライベートな場で親友に使う言葉と、仕事の場で取引先の人に使う言葉は、おのずと変わります。

　そして、適切な言葉とともに、**その言葉に合わせて相応の態度をとる**ことも、忘れないようにしましょう。言葉だけで、態度がともなわなければ、「口では何とでも言える」と反感を買う恐れがあります。

　「伝える」とは言葉と態度で示すこと。どちらかをおろそかにしても、あなたの真意や誠意が伝わりません。**伝わらなければ、あなたの気くばりはすべてムダになります。**

　また、上手に気くばりができる人は、ポジティブなメッセージを選択することが、とても得意です。

　コップの水が「まだ半分ある」のか、それとも「もう半分しかない」のか？　どちらも同じことですが、「まだ半分ある」とポジティブにとらえたほうがハッピーになれます。**表現を変えるだけで場の雰囲気を明るくする**ことができるのです。

　言葉と態度で伝えること。そして、ポジティブな表現を選ぶこと。この2つを実践してみましょう。

伝え方のコツ

1 言葉と態度で伝える

相手を気づかう心があれば、雑談や日常会話でスムーズに話を進行できます。また、仕事の場で相手に理解してもらうためにも、言葉と態度の両方で伝えます。

1章のおもな内容

- ☑雑談を楽しむ
- ☑じっくり説得する
- ☑わかりやすく説明する
- ☑すっきり納得させる

2 ポジティブな表現

ものごとを伝えるときは、できるだけポジティブな表現を選択しましょう。また、相手の気持ちを考えて上手にほめたり、表現をやわらげたりすることも大切です。

1章のおもな内容

- ☑ほめ言葉を使う
- ☑ポジティブに変換する
- ☑クッション言葉と態度

この章で学べます!
第1章 気くばりができる人の話し方・伝え方 ▶ P.21

聞き方

気くばり上手が聞き役に回れば相手との距離がいっきに縮まる

会話をするときは、できるだけ聞き役に回ります。自分の話を伝えるよりも、相手の話を聞いたほうが、短時間でお互いの距離を縮めることができるからです。

気くばりという観点から考えると、聞き方のコツは３つに分けることができます。

まずは、**態度や行動で積極的に「聞いているサイン」を出す**こと。うなずいたり、あいづちを打ったりするだけで、相手は「聞いてくれていること」を確認し、安心して話せるようになります。この心理を理解している人は、話し手のために、積極的にわかりやすいサインを出しているのです。

２つ目は「話を引き出す話法」。**質問で話を広げたり、話を要約して返したりする**ことで、相手は気持ちよく話を展開できます。タイミングのよい返しをすれば、話は盛り上がります。これも、聞く姿勢を大切にする会話の気くばりです。

そして、３つ目は**「気持ちに寄り添う」**ことです。昔話や相談ごとを話すとき、ほとんどの場合、相手は自分の気持ちに共感して寄り添ってもらうことを期待しています。話の内容ではなく、気持ちを理解することが大切。気くばりができる人は、相手の気持ちを考えながら、自分の意見を的確に伝えることができます。

聞き方のコツ

1
聞いているサイン

話をしている人は、あなたの反応を待っています。真剣に聞いていることをわかりやすい形で伝えることも大切な気くばりです。

2章のおもな内容

- ☑聞くときの姿勢
- ☑表情のつくり方
- ☑あいづちとうなずき

3
気持ちに寄り添う

話の内容よりも、気持ちを優先して受け取ることが大切なシチュエーションもあります。そんなときは、相手の気持ちを考えて、気くばりをします。

2章のおもな内容

- ☑目上の人の話を聞く
- ☑聞いてなぐさめる
- ☑相談を受ける

2
本音を引き出す話法

ただ話を聞くのではなく、本音や相手のニーズを引き出すことが大切。相手の話を受け止める姿勢を示すことから、信頼が生まれます。

質問
……そうか、でも、なぜ、そう思ったの?
要約
……つまり、○○ということ?
話ベタへの対応
あせらなくて、いいよ。ゆっくり説明して

2章のおもな内容

- ☑質問で心を開く
- ☑要約して聞き返す
- ☑話ベタな人への対応

この章で学べます!
第2章 聞き上手になるだけで人に好かれる ▶ P.47

対応力

社内・社外の言動とふるまいを確認！ 状況に合わせて柔軟な対応を

伝え方、聞き方で気くばりの基本を理解したら、次は、シチュエーションに合わせた対応力を磨きましょう。

ビジネスの場には、上司、先輩、同僚、後輩、取引先、お客さまなど、さまざまな立場の人間が存在します。あなたは、知らず知らずのうちに、上司に接する態度と後輩に接する態度を使い分けているはずです。

立場をわきまえつつ、**気くばりをしながら円滑なコミュニケーションを成立させる方法**を、ここで確認しておきましょう。

一方、社外の人や取引先の人と接するときは、コミュニケーションのルールが変わります。連絡、訪問、営業、交渉、プレゼンテーションなど、**目的に応じて的確な気くばりができる人**になりましょう。

社内でも社外でも、ほどよい気くばりができる人は人望を集めます。

また、社会人のコミュニケーションでは、正しい敬語を使うことが求められます。どんなに立派なふるまいをしても、**言葉づかいに難点がある人は信用されません**。文法上の理屈はさておき、よく使う言い回しは、しっかり覚えて、すぐ使えるようにしておきたいものです。

実践的なコミュニケーションの技術を身につけて、一目置かれる人になりましょう。

対応力の磨き方

1

社内のコミュニケーション

出社時のあいさつから、報告・連絡・相談まで。社内にはさまざまな立場の人がいるので、状況に応じてコミュニケーションの手段を調整します。

3章のおもな内容

- ☑あいさつと声がけ
- ☑同僚とつきあう
- ☑先輩とつきあう
- ☑後輩とつきあう

2

社外のコミュニケーション

社外の人とのおつきあいでは、ビジネスの目的に応じてコミュニケーションの方法を変えます。十分な気くばりを心がけ、目的達成のために努力します。

3章のおもな内容

- ☑訪問時のマナー
- ☑営業トークの基本
- ☑交渉の絶対セオリー
- ☑プレゼンを成功させるコツ

正しい敬語の言い回し

社会人として信頼を得るために、正しい敬語の使い方をおさらいしておきましょう。

3章のおもな内容

- ☑社内で使う敬語の言い回し
- ☑社外で使う敬語の言い回し

この章で学べます！ 第3章 気くばり上手のコミュニケーション術 ▶ P.67

マナー

TPOをわきまえた大人のマナーを身につけよう

「マナー」は本来、**気くばりの気持ちを具体的な形にして表したもの**と言えます。慶事には慶事にふさわしいマナーや決めごとがあります。弔事には弔事にふさわしい落ち着いたふるまい方や約束ごとがあります。

いつも会社で、リーダーシップを発揮してチームを引っぱっている先輩が、テーブルマナーを知らなかったら、常識のない人間だと思われてしまうでしょう。

一方、気くばりが身についている大人は、慶事でも弔事でも、うろたえずにマナーを守れます。大人の常識をわきまえつつ、場の状況に合わせて自然にふるまえる人は、**年齢や社会的な立場に関係なく、スマートに見える**のです。

「マナー＝堅苦しい決まりごと」と考えず、気持ちを表現するために必要なスタイルと考えましょう。

マナーにしばられるのではなく、**時と場合により、対応を変化させることも大切です。**

本書では、最低限知っておきたい大人のマナーを、プライベートとフォーマルにシチュエーションを分けて解説します。テーブルマナーから冠婚葬祭のルールまで。「マナーには自信がある」という人も、確認してください。知らなかった、勘違いしていたというマナーが見つかるかもしれません。

大人のマナー

1 プライベートのマナー

日常生活にまつわるマナーを紹介。交通機関やレストラン、旅館、ホテルでどうふるまえばいいかを解説します。

4章のおもな内容

- ☑乗り物を利用する
- ☑ホテルに泊まる
- ☑レストランのマナー

2 フォーマルのマナー

公の場に出たときの、社会人ならではのふるまい方を紹介します。見過ごしていることがないか、チェックしましょう。

4章のおもな内容

- ☑知人の家を訪問する
- ☑結婚式のマナー
- ☑お墓参りのマナー

慶事・弔事の作法

ご祝儀袋の表書きから、ふくさで包む方法まで。日本に古くから伝わるしきたりにもとづいた作法を紹介します。

4章のおもな内容

- ☑ご祝儀袋、不祝儀袋の表書き
- ☑ご祝儀・香典の金額の目安
- ☑お中元・お歳暮の決まり

この章で学べます！ 第4章 今さら聞けない！ 大人のマナー ▸ P.107

あなたに足りないのはどの部分？

はじめに読むべきパートがわかる

YES・NOテスト

＼ START! ／

- **言葉の表現力には自信がある**
  - YES →「柔軟性がある」と人に言われる
  - NO → 人の話を聞くよりも話すほうが得意だ
- **人の話を聞くよりも話すほうが得意だ**
  - YES → 協調性には自信がある
  - NO → どちらかと言えば空気が読める人だ
- **「柔軟性がある」と人に言われる**
  - YES →「気が短い」と言われたことがある
  - NO → 協調性には自信がある
- **どちらかと言えば空気が読める人だ**
  - YES → 協調性には自信がある
  - NO → 第3章
- **協調性には自信がある**
  - YES → 人づきあいは苦手なほうだ
  - NO → 自分は常識があるほうだと思う
- **人づきあいは苦手なほうだ**
  - YES → 第1章
  - NO →「気が短い」と言われたことがある
- **「気が短い」と言われたことがある**
  - YES → 第2章
  - NO → 第1章
- **自分は常識があるほうだと思う**
  - YES → 第3章
  - NO → 第4章

第4章

おつきあいのルールをチェックしておこう！

今さら聞けない！
大人のマナー ▶ P.107

第1章

伝え方を変えれば会話がうまくいく！

気くばりができる人の
話し方・伝え方 ▶ P.21

第3章

場の状況を読んでふるまう技術を習得！

気くばり上手の
コミュニケーション術 ▶ P.67

第2章

落ち着いて話を聞くことから始めよう！

聞き上手になるだけで
人に好かれる ▶ P.47

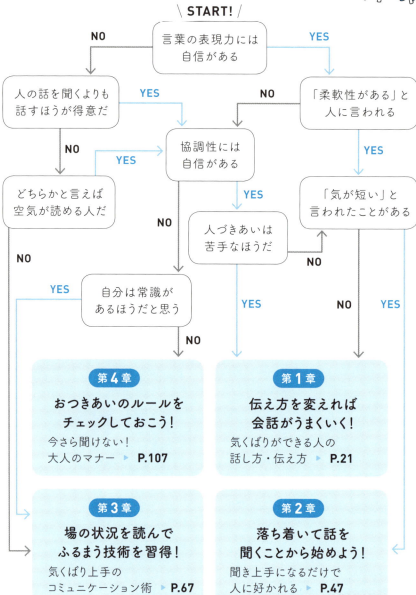

第1章

気くばりができる人の話し方・伝え方

周囲のことがよく見えている気くばりができる人は、
雑談や日常会話で上手にほめ言葉を使います。
説明がわかりやすく、言葉に説得力があるので、
周りの人によい印象を与え、信頼されます。
特別な話法や秘密のテクニックは必要ありません。
相手の気持ちを尊重するだけで、話し方や伝え方が上達します。

01

【初対面でも会話がはずむ2つのコツ】

共通の話題がない人には軽いグチをきっかけにする

POINT

- □「軽いグチ」からスタートすれば会話がはずむ
- □質問の答えがそっけないときは自分の感想を伝える

面白い話題は不要！相手が話をしやすいテーマをふる

初対面の人と話をするときは、硬い雰囲気になりがちですが、相手も「コミュニケーションをとりたい」と考えているため、きっかけさえつかめれば会話はスムーズに流れていきます。**自分のほうから積極的にきっかけを提供するように**心がけてみましょう。

話題を提供するために軽いグチを取り入れるのはよい方法。グチを言うことで、話しやすい雰囲気ができあがります。

また、相手が興味を持ちそうなことに対して**質問を投げかけ、それをきっかけに話を展開する**という方法もあります。

ここで大切なのは話の内容ではなく、話しやすい場の雰囲気をつくること。きっかけをつくることで緊張がほぐれ、相手も安心して会話をスタートできます。とにかく会話を始めることが先決と考えましょう。

「軽いグチ＋質問」で会話のきっかけをつくる

自分 今〇〇に住んでいるんですが、
××線は混むので大変です。毎朝、へとへとですよ。

↓

相手 大変ですよね。

↓

自分 〇〇さんは、どこにお住まいですか？

ここがポイント！
軽いグチを入れながら、
相手にさりげなく質問する。

相手が先に話題を提供してくれない場合は、グチから話を始めてみましょう。最近、不満に思っていることを告白して、質問をプラスして相手の感想を引き出します。

反応が薄くても「感想」で話をつなぐ

自分 〇〇さんはラーメン、好きですか？

↓

相手 ええ、まあ。

↓

自分 会社の裏通りにある××ってお店、知ってますか？

↓

相手 いや、知らないなあ。

↓

自分 けっこう有名な店なんです。みそラーメンが絶品です！

ここがポイント！
相手の反応を見ながら、
感想で共感をうながす。

はじめに質問をぶつけ、相手の返事を待ってから話題を提供するというアプローチもあります。もし、相手の返事が「いいえ」なら、説明して感想を述べます。

【あいさつから入る雑談のコツ】

02

雑談はキャッチボール！軽く話して5分で終了

POINT

- □ 雑談で大切なことを伝えようとしてはならない
- □ 悩みごとや悪口、ウワサ話はサッと流して立ち去る

キャッチボールを楽しんですばやく立ち去るのが流儀

雑談をするときは話の内容にこだわる必要はありません。会話のキャッチボールを楽しむ程度の内容でOKです。相手の趣味や好きなことがわかっていれば、あいさつ代わりに「最近、〇〇はどうですか?」と水を向けるのもよい方法。「ぼちぼちだよ」と返されても、なんとなく成立してしまうのが雑談です。

つまり、**雑談には翌日に何を話したか忘れる程度の軽い内容が向いています**。「何か気のきいたことを言わなければ」と難しく考えるのはやめましょう。

一方で、**重い話や深刻な話を切り出すのはルール違反**。雑談のときに悩みごとを打ち明けられても、返す言葉はありません。また、相手がだれかの悪口を言ったり、ウワサ話をしたりしたら、「ごめん、今度、ゆっくり聞かせて」とスマートに断ってその場を立ち去ります。

雑談の相手がだれでも基本的な流れは同じ！

5分

1 あいさつ
2 会話を楽しむ
3 軽く質問する
4 会話を楽しむ
5 切り上げる

ここがポイント！
話が途中でもかまわない。5分を目安にサッと切り上げる。

冷えますね、
冬は苦手なんです。
○○さんは
どうですか？
いやあ。
僕もダメだね。
根性なしだから

雑談には基本的な流れがあります。かけていい時間は、「あいさつ」から長くても5分程度。話題は相手によって自由に変えてよいのですが、この基本的な流れは同じです。

気くばりできる人は「終わらせ方」もうまい

パターン1
時間を理由にする

……あっ、
もうこんな時間ですね。
すみません、戻ります。

パターン2
沈黙で終わりを予告する

そうですかあ……（沈黙）。
また今度、
聞かせてください。
そろそろ引き上げます。

雑談を切り上げる方法は2つあります。ひとつは時間を理由にするパターン。もうひとつは、話の切れ目で沈黙をつくり、「また今度～」とアバウトな約束をして立ち去るパターンです。

【会話における質問のタイミング】

03 「もっと聞かせて」の声がけで相手の承認欲求を満たそう

POINT

- □ 自分が話さなくても問題なし！相手の話を引き出せば成功
- □ 質問でスイッチを入れてあいづちで聞き役に回る

人はだれでも自分の話を聞いてもらいたいものですが、とくに「教えてあげたい」「理解してもらいたい」「賛成してもらいたい」という気持ちが働くと、話したい欲求が強くわいてきます。質問でその欲求を引き出し、そのあとタイミングを逃さず、あいづちで「もっと聞きたい」という気持ちを伝えましょう。

特別な話術や話題は必要ありません。**適切な質問とタイミングのよいあいづち**があれば、だれでも盛り上げ上手な人になれます。

話を聞くときは、「相手」ではなく「相手の関心」に関心を持つ

頭に浮かんだことをただ話しているだけでは、会話は盛り上がりません。盛り上げるためには、聞き手が話の展開を意識した適切な質問を投げかけることが大切。質問でスイッチを入れれば、どんどん会話が盛り上がります。**会話を盛り上げることができるのは、話し手ではなく聞き手のほう**なのです。

質問とあいづちで「かも」のスイッチを入れる

【賛成してもらえる……かも】

質問

- もっと
  聞かせてくれませんか？
- すごくわかりやすいですね。
  それで？

⬇

あいづち

- なるほど、その通りですね。
- いやあ、本当にそうですね。

【理解してもらえる……かも】

質問

- もっと詳しく
  説明してくれませんか？
- だんだんわかってきました。
  それで？

⬇

あいづち

- そうかあ、そういうことか。
- わかりやすいですね。

相手は、「かも」が実現しそうだと感じたとき、「話したい」という欲求が高まります。質問やあいづちで、この「かも」を引き出すようにしてみましょう。

ここが気くばりのコツ！

オープンマインドな雰囲気を演出する

場の雰囲気を明るくする人は「何でも聞くよ、話して」というオープンマインドのサインを周囲に発信しています。右のサインで場を明るくしましょう。

04

【ポジティブな言葉を選ぶ】

ネガティブな言葉をポジティブに変換する

POINT

- □ネガティブな言葉を選ぶと場の雰囲気を悪くする
- □「ポジティブな言葉の選択」はすぐ習慣化できる

言葉の選択を変えるだけで成功のチャンスが生まれる

普段からポジティブな言葉を好んで使えば、自分もポジティブな気分になり、会話をしている場の雰囲気も明るくなります。一方、いつもネガティブな言葉を選んで使えば、気分が重くなり、場の雰囲気も暗くなってしまいます。

思いついたらすぐに動く人を「行動力のある人」と表現するか、「軽率な人」と表現するかは、その人次第です。言葉の選択はクセのようなもの。**「ポジティブな言葉を探そう」と決めれば、すぐに実行できます**。

そして、これが習慣として身につけば、どんどんポジティブ思考で物事をとらえられるようになります。つらいことや苦しいことに対して積極的な行動がとれるようになり、**結果的に大きな成功に結びつきます**。次ページの具体例を参考にしながら、ポジティブな言葉を選ぶ習慣を身につけましょう。

だれかの話をするときはポジティブに転換する

例 ネガティブな評価 → ポジティブな評価

暗くて地味な人	▶	落ち着いた雰囲気の人
優柔不断な人	▶	発想が柔軟な人
自己中心的な人	▶	自分の意見がある人
わがままな人	▶	自由な雰囲気がある人
ウワサが好きな人	▶	情報に敏感な人
おしゃべりな人	▶	話題が豊富な人
落ち着きがない人	▶	アクティブに動く人
いいかげんな人	▶	おおらかな人

人の性格・態度は表裏一体。第三者のことを話題にするときは、できるだけ長所の面にスポットを当て、ポジティブな言葉に言い換えて発信しましょう。

○○さんは
おおらかな人ですね

デリケートなことは表現をやわらげる

例 ネガティブな事実 → ポジティブな表現

××さんは勉強不足ですね。	▶	××さんは、まだ伸びしろがありますね。
××さんは出世が遅いですね。	▶	××さんは大器晩成型ですね。
××さんはリストラの対象です。	▶	××さんは大きな転機を迎えました。

第三者のデリケートな部分を話題にするときも、ポジティブな表現に言い換えます。相手の弱点をあえて刺激しないことで、聞き手から「節度のある人」と評価されます。

リストラ
されたんですよね
リストラされた人

ここがポイント!

本人が目の前にいるときは話題にしない。表現をやわらげても皮肉に聞こえてしまう。

05

【気持ちが伝わるほめ方のコツ】

根拠や理由が明確ではない曖昧なほめ言葉は響かない

POINT

- □ほめる理由を伝えないと「皮肉」と解釈される
- □「言わなければ伝わらない」と考えて、はっきりほめる

相手に好かれるほめ言葉、嫌われるほめ言葉の違いとは？

見えすいたお世辞やいいかげんな称賛など、理由がはっきりしないほめ言葉を口にする人に対しては、警戒心が働いてしまうことがあります。ときには「皮肉」と受け取り、気分を害してしまう人もいます。

一方で、**理由が明らかな場合は、ほめ言葉をかけられて嫌がる人はいません。**ほめられればうれしく思い、それをきっかけにお互いの距離が縮まります。

一般的に、日本人はほめることに対して消極的だと言われています。「言わなくてもわかる」という気持ちが働いたり、「ほめるのは照れくさい」と考えたりすることで、せっかくのチャンスを逃しています。**自然な態度で、タイミングを逃さず相手をほめられる人になりましょう。**その姿勢が、人と人との円滑なコミュニケーションに結びつきます。

仕事で相手をほめるときは必ず「理由」を添える

ほめる理由をプラスする

○○さんは仕事ができますね。
企画書がすばらしい仕上がりでした。

○○さんはおしゃれですね。
いつも着ているコートがとてもステキです。

いつもほがらかですね。
○○さんがいると場の雰囲気がパッと明るくなります。

仕事ぶりや仕事の成果をほめるときは、具体的な理由をプラスする習慣をつけましょう。なぜほめられたか、その理由がわかれば、素直に喜べます。

自分の感想を率直に伝えられる人になろう

自分の感想をプラスする

○○さんは優しいよね。
私はそこが大好き。

○○さんは前向きだよね。
そこがいいところだと思う。

○○さんは一生懸命だよね。
私はすばらしいと思う。

ここがポイント！
ストレートな表現でほめ、すかさず感想をプラスする。

人をほめるときは、照れくさい気持ちが先に立ち、ついひと言ですませてしまいます。そんなとき、もう一歩踏み込んで、自分の感想をプラスしましょう。コメントをプラスするだけで、距離が縮まります。

06

【反対意見の伝え方】

賛成のときも反対のときも自分の意見をプラスする

POINT

- □発言した人は周りからのリアクションを求めている
- □反対意見を述べるときはクッション言葉をセットにする

先に発言した人の意見を無視しないように注意する

ビジネスでは自分の意見を明らかにすることが求められます。そんなとき、「〇〇さんに賛成です」「××さんに反対です」と答えるだけでは見識を疑われてしまいます。

相手の意見に賛成する場合は、その理由をプラスして伝えます。一方、**反対する場合も、視点の違いを強調してから理由をつけ加える**ようにしましょう。

また、先に発言した人の意見を尊重することも忘れないようにしましょう。発言した人は、**自分の意見がどう評価されるかを注意深く聞いています**。無視したり全面的に否定したりすると気分を害してしまうので、相手の気持ちに配慮しましょう。

相手の意見に反対する場合も、「理解できますが～」などのクッション言葉を使い、表現をやわらげてから意見を述べます。

賛成なら、自分なりの理由を追加

【賛成の意見を言うときの流れ】

○○さんの意見に賛成です。

↓

なぜなら……（理由）です。

↓

周囲が納得

だれかの意見に賛成する場合は、「○○さんに賛成です」と立場を明確にしてから、理由をつけ加えます。その理由に説得力があれば、「なるほど」と納得してもらえます。

反対なら、「視点の違い」を強調

【反対意見を言うときの流れ】

○○さんの意見はごもっともです。

↓

ただ、×××という考え方もあるのではと思いました。

↓

なぜなら……（理由）です。

↓

意見交換が活性化

ここがポイント！

少し間を置き、「ただ」「そうではありますが」などの言葉でつないで意見を述べる。

だれかの意見に反対する場合は、「○○さんの意見はごもっともです」と相手を立ててから、「別の見方ができること」を主張します。「反対」ではなく、「視点が違うこと」を強調すれば、場の雰囲気は悪くなりません。

07

【わかりやすい説明】

「論理＋具体」のコンビがわかりやすさを生む

POINT

- □論理的であることと具体性はどちらが欠けてもＮＧ！
- □話をわかりやすくするコツを身につけておこう

「型」を覚えておけば いろいろな場面で役立つ

わかりやすい説明には、「論理」も「具体」も必要です。きちんと筋道を立てて説明しても、具体例を省いてしまうと相手にはうまく伝わりません。逆に、具体例ばかり並べても、話の道筋が見えなくなり、伝えるべき内容がぼやけてしまいます。

論理にそって順に説明しつつも、ときどき具体例をまじえてふり返りましょう。わかりやすい具体例をはさむことで、内容を再確認する時間を与えることができます。

また、次ページで紹介している、**説明をわかりやすくするコツ**も覚えておきましょう。「短いフレーズで話す」「いつもよりゆっくり話す」「図をうまく使って話す」「重要なことはくり返す」という4つのコツをマスターしておけば、大切な会議やプレゼンテーションの場などで役立ちます。

「論理」と「具体」のバランスをとろう

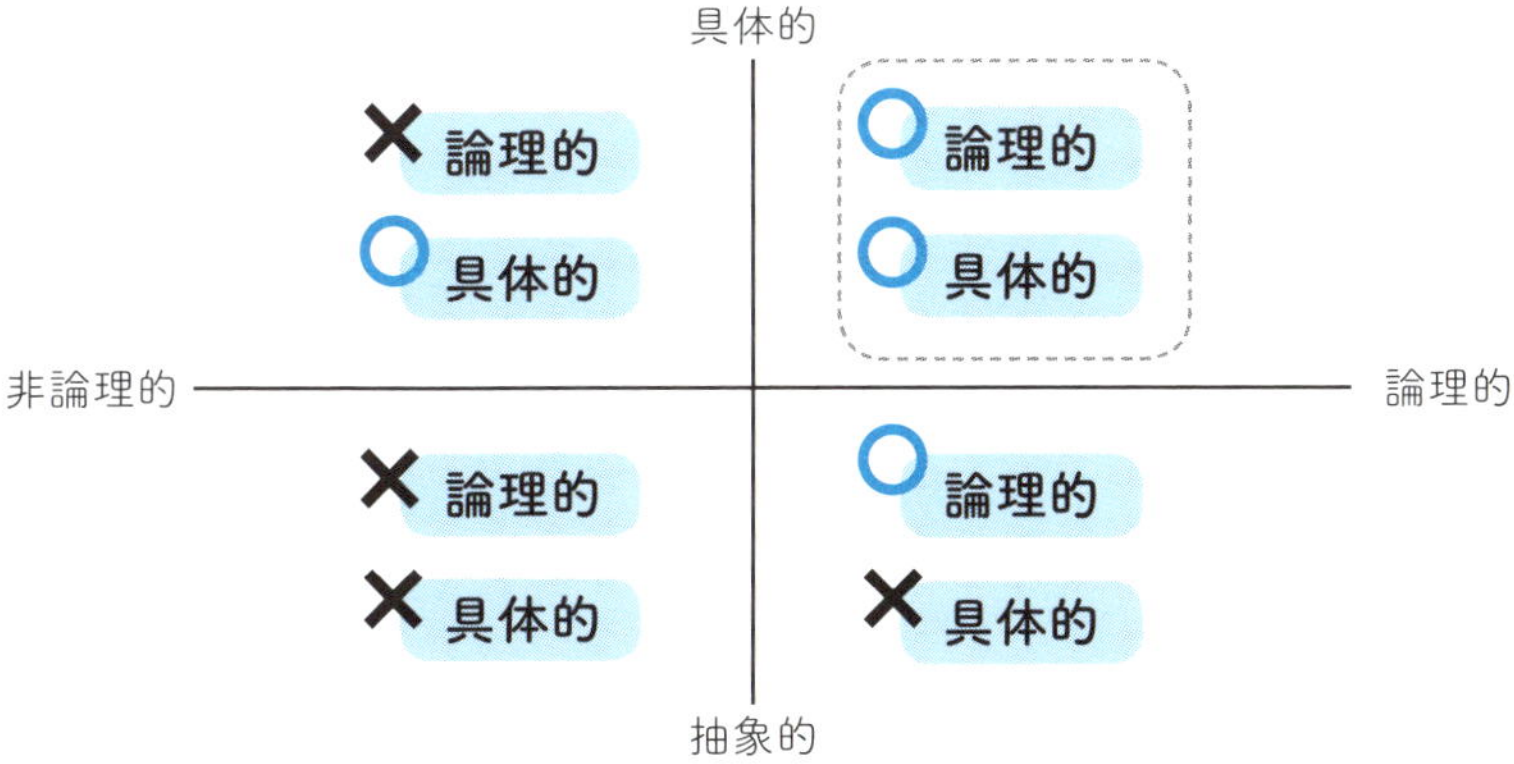

わかりやすい説明には「論理」と「具体」がバランスよく配合されています。マトリクスを参照して、自分の説明に何が不足しているのかを考えてみましょう。

ここが気くばりのコツ！

「わかりやすさ」を生む4つのポイントを押さえよう

1 短いフレーズで話す

フレーズをつなげて話すと混乱を招きます。「○○はA、××はBです」とできるだけ短く区切って話します。

2 いつもよりゆっくり話す

人前で話をするときは早口になりがち。録音するとよくわかります。一段階ギアを落とす感覚で話します。

3 図をうまく使って話す

わかりやすい図を使いましょう。図を示すことでイメージが共有され、納得してもらいやすくなります。

4 重要なことはくり返す

1度聞いただけでは印象に残りません。2度3度とくり返すことで、意識してもらえるようになります。

【相手をじっくり説得するコツ】

08

最後に「結論」を言う クライマックス法で説得

POINT

□人は悩んでいるときに「じっくり考えたい」と思う

□たっぷり時間をかけたほうが信頼されるような状況がある

急ぎすぎないことで相手に信頼してもらえる

プライベートで悩みごとを相談する場合は、結論を先に言うことができません。そもそも、結論そのものがはっきりしないから相談しているという状況だからです。

この場合、有効なのが**「クライマックス法」という話し方です**。「起承転結」を意識しながら順に話を展開し、最後に結論を述べるようにします。このクライマックス法は、相手を説得するときにも効果を発揮します。

悩んでいるとき、迷っているときは、「時間をかけてじっくり考えたい」という心理が働きます。そのため、結論を急ぎすぎると、相手に「真剣さが足りない」「誠意がない」などの印象を与えてしまうこともあります。

「ここは時間をかけて、じっくり説得したほうがいい」と思える状況なら、クライマックス法で話を展開しましょう。

じっくり説明したいときはクライマックス法で！

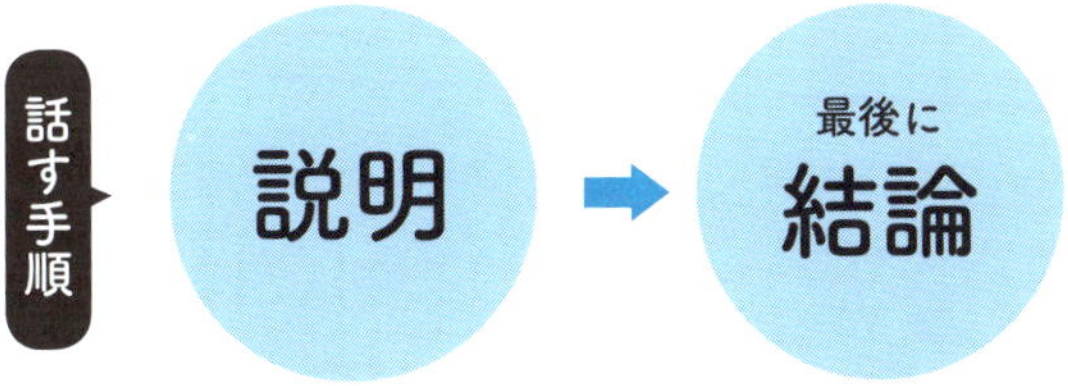

効果的な状況

- 商品の内容を説明する
- 上司が部下に説教をする
- 悩みごとの相談にのる

ここが気くばりのコツ！

話を聞いている人の心理を理解しよう

人の話に耳を傾けるのは、自分に「関連」「利益」「価値」がある場合。たとえば、顧客が店員の説明を聞くのは、利益・価値を感じたとき。相手を説得するときは、相手の心理も意識しましょう。

09

【相手を本気で納得させるコツ】

はじめに「結論」を言うのがアンチ・クライマックス法

POINT

- □ 効率を優先するような状況なら結論を先に述べる
- □ 聞くばりができる優秀な人は状況に合わせて話し方を変える

ビジネスではつねに早い結論が求められる

ビジネスの現場で「報告・連絡・相談」を実行するときは、先に結論を言うことが原則です。業務に関する情報をすばやく共有することが目的なので、**はじめに結論を聞いたほうが効率がよい**からです。つまり、**アンチ・クライマックス法が基本**です。

このアンチ・クライマックス法は、はじめに結論を述べ、あとからその結論の理由などを述べて補足する話し方です。

この方法は、プレゼンテーションや会議など、**自分が何について話しているかを明確にしたいときにも有効です**。一方、時間をかけてじっくり説得するようなときは、クライマックス法（P.36）を使います。状況に合わせてクライマックス法とアンチ・クライマックス法を使い分けましょう。仕事ができる人は自然にこの2つを使い分けています。

ビジネスではアンチ・クライマックス法が基本

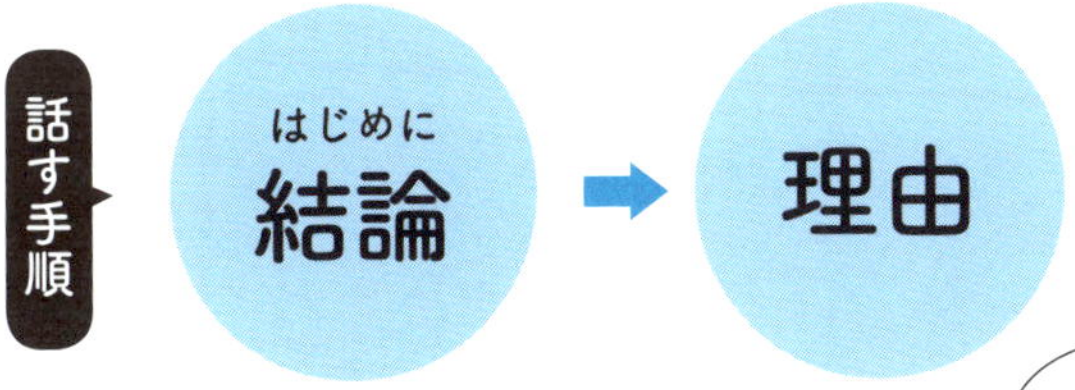

効果的な状況

- 会議・打ち合わせで発言する
- 部下が上司に報告・連絡する
- 同輩・後輩にミスを指摘する

ここが気くばりのコツ！

相手の話し方に合わせれば好感度がアップする

人は自分と同じ話し方をする人に好意を持つため、相手がどちらの話法を使うか、観察することも大切。相手がクライマックス法ならクライマックス法を、アンチ・クライマックス法ならアンチ・クライマックス法で話すように配慮します。

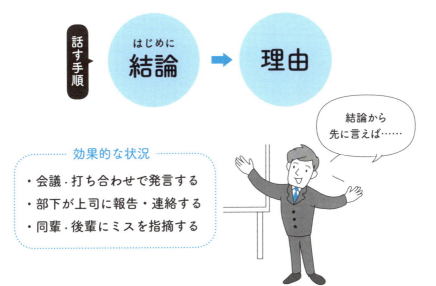

10

【声の使い方】

声の高さ・大きさ・スピードを相手に合わせる

POINT

- □ 効率を優先するような状況なら結論を先に述べる
- □ 聞くばりができる優秀な人は状況に合わせて話し方を変える

音に隠された情報を意識してコミュニケーション力を上げる

コミュニケーションにおいては、耳（聴覚）から得る情報も大切です。会話をするときは、言葉で情報をキャッチしますが、そこには声の高さ、大きさ、スピードなどの隠された情報が含まれています。

声の高さは「ソ」の音が基準になります。もし、**感情を訴えたいときは「ソ」よりも高い音を選択**しましょう。逆に、**情報を正確に伝えたいときは「ソ」よりも低い音**を選べばうまくいきます。

一方、**声の大きさは、つねに相手を基準にして調整します**。安心させたいときは、相手より小さい声で話します。もし、意識的に場の主導権を握りたい場合は、相手より大きい声を出して積極的に話します。また、わかりやすく話の内容を伝えたいときは、自分が話すスピードにも配慮する必要があります。

「ソ」を標準にして声の高さを調整する

感情をストレートに伝えたいときに

情報 < 感情

「ソ」より高い音

情報・内容を正確に伝えたいときに

情報 > 感情

「ソ」より低い音

声の高さを使い分けることで相手に与える印象を調整できます。音階の「ソ」を標準にして高い音と低い音を使い分けます。

話すスピードを意識して印象を変えよう

話すスピードの目安

1分間

遅い	250字
標準	300字
速い	400字

相手が内容を理解しやすいスピードは1分間に300字前後と言われています。相手をじっくり説得したいときは250字前後のゆっくりとしたスピード。一方、ふだんより活発な印象を与えたいときは400字前後で。

ここがポイント！

キッチンタイマーかスマホのタイマーを使って、実際に計測。客観的なデータがあれば、スピードに対する意識が高まる。

クッション言葉 使い方ガイド

お願いをするときや言いにくいことを伝えるときは、クッション言葉で表現をやわらげます。ここでは、具体的な使い方を解説します。

「クッション言葉」にふさわしい態度をプラス！ アクションも積極的に使おう

「恐れ入りますが」「ご多忙中とは存じますが」など、伝えたいことの直前にひと言つけ加えるだけで、印象がやわらかくなり、相手とのコミュニケーションが円滑になります。

このとき、注意したいのが、言葉を伝えるときの態度です。どんなにやわらかい表現でも、腕組みをしながら、相手を見下ろすような態度をとれば台無しに。「申し訳ない」という気持ちを、言葉と態度で同時に表現しましょう。

ここでは、「依頼」「反論」「断る」の3つの局面におけるクッション言葉と態度を、具体的に紹介します。クッション言葉で、やわらかい表現ができる人になりましょう。

クッション言葉を添えて……

【依頼する】

依頼するときの**態度**

- □相手の斜め横に立つ
- □クッション言葉＋依頼
- □会釈する（感謝のアクション）

依頼をするときは、相手の横に立ちます。正面から近づくと威圧感を与えてしまうので、斜め横に立って話を切り出しましょう。クッション言葉をつけて内容を伝えたあと、相手が承諾してくれたら、軽く頭を下げて感謝の気持ちを示します。

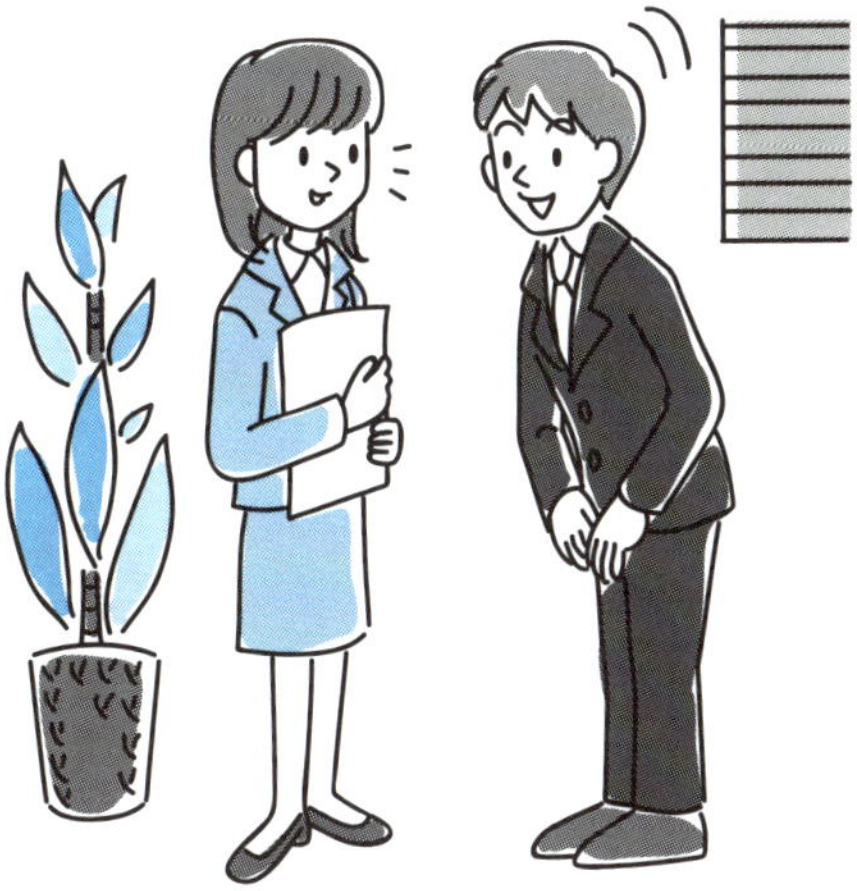

依頼するときのクッション言葉

- 恐れ入りますが～
- たいへん恐縮ですが～
- ご多忙中とは存じますが～
- ご足労をおかけしますが～
- 差しつかえなければ～
- 私事で恐縮ですが～

クッション言葉の文例

・たいへん恐縮ですが、この案件は最速でご対応いただけると助かります。

・ご多忙中とは存じますが、お手すきの際にご一読ください。

・私事で恐縮ですが、来週は夏休みをいただきます。

クッション言葉を添えて……

【反論する】

反対するときの**態度**

- □相手の正面に立つ
- □クッション言葉＋反対意見
- □おだやかな表情で意見を待つ

相手の意見に反論するときは、相手の正面に立ちます。クッション言葉で表現をやわらげながら反論したあとは、おだやかな笑顔で相手の反応を待ちます。相手の意見を待つ余裕を示すことが大切です。

反論するときのクッション言葉

- おっしゃることはよくわかりますが～
- お言葉を返すようで申し訳ありませんが～
- たいへん失礼とは存じますが～
- 差し出がましいこととは存じますが～
- 僭越《せんえつ》ではございますが～
- 確かにその通りではありますが～

クッション言葉の文例

- おっしゃることはよくわかりますが、
  その件はA社の意向を優先したいと考えています。
- 差し出がましいこととは存じますが、
  進行は弊社のメンバーが担当させていただきます。
- 確かにその通りではありますが、
  今回はBさんがおっしゃる選択肢もあると思います。

クッション言葉を添えて……

【断る】

断るときの**態度**

- □正面に立って目を合わせる
- □クッション言葉＋お断り
- □2〜3秒間おじぎをする

お断りをするときは、クッション言葉で表現をやわらげつつ、きっぱりと断ること。相手の目を見てお断りしたあと、少し長めにおじぎをしましょう。話を終わらせたいというこちらの意向を、やんわりと伝えます。

断るときのクッション言葉

- **申し訳ありませんが〜**
- **ありがたいお話ですが〜**
- **せっかくの機会ですが〜**
- **ご期待に沿えず、たいへん残念ですが〜**
- **お役に立てず、恐縮ですが〜**
- **身に余るお話ではありますが〜**

クッション言葉の文例

・ありがたいお話ですが、今回は辞退させていただきます。

・ご期待に沿えず、たいへん残念ですが、
弊社では対応できないと判断しました。

・身に余るお話ではありますが、あいにく先約があるため、
お受けすることができません。

常識問題にトライ！

「伝え方」表現クイズ

Q1

社内でうわさ話が始まりました。
次の言い回しで、
表現を間違えているものはどれですか？

ア Aさんスゴイよね。如才ないからな。

イ Bさんがリーダーから一般スタッフになりました。
やはり彼では、役不足でしたね。

ウ Cさんは優秀です。うがった見方をしますからね。

Q2

表現をやわらげる「クッション言葉」の問題です。
波線を引いたクッション言葉のうち、
正しい使い方をしているものを1つ選んでください。

ア つかぬことをお伺いしますが、
御社の名称は「株式会社○○」でよろしいですか？

イ あいにくですが、
今週はお打ち合わせの時間がとれません。

ウ 恐れ入りますが、こちらからあらためて
ご連絡を差し上げてもよろしいでしょうか？

---

①の答え：イ……ア「如才ない」は気が利くこと、ウ「うがった見方」は洞察力があることを表すほめ言葉。イの「役不足」は役を上回る実力があることなので、誤用です。
②の答え：イ……アの「つかぬこと」とは、つまらないことの意なので、失礼にあたる。ウの「恐れ入りますが」は相手の行動に対して使う表現なのでNG。

第2章

聞き上手になるだけで人に好かれる

会話をするときは、聞き役に回るという意識が大切です。
話を真剣に聞いてくれる人には、だれもが好感を持つからです。
真剣に聞いていることを相手に示すために、
表情、あいづちの打ち方、うなずき方に気をくばりましょう。
話す、聞くというコミュニケーションのやり取りのなかで、
お互いの関係を自然に深めましょう。

01

【聞くときの表情のつくり方】

「自然な笑顔」で好感度をアップする

POINT

- □顔から感情を読めるほうが相手は安心する
- □ビジネスでは感情をおさえて「ちょっとクール」を心がける

自然なリラックスした表情をスタンダードにしよう

緊張しているときは顔がこわばります。逆にリラックスしているときは顔がゆるみます。顔には表情筋と呼ばれる筋肉があり、それが喜怒哀楽に応じて動くことで表情が変化しています。プライベートでは、表情筋を思い切り使って、喜怒哀楽をはっきりさせたほうが周囲の人に好かれます。感情が読み取りやすいほうが安心できるからです。

一方、ビジネスの現場では、感情を抑制することが求められます。**場の状況を考えながら表情を使い分ける必要があります。**

まず、やわらかい「リラックスした表情」を身につけることから始めてみましょう。無表情ではなく、**感情をおさえつつ、リラックスした表情を保つようにすることが基本。**この表情で、コミュニケーションを素直に受け入れる準備ができていることをアピールできます。

リラックスした表情から自然な笑顔へつなげる

リラックスした表情

目、頬、口元などにほんの少し力が入っている状態。相手にはかすかにほほえんでいるように見えます。

自然な笑顔

笑うときは上の前歯が見えるように意識。「楽しいこと」を想像して、自然に目尻を下げるようにします。

これはNG!

リラックスした表情≠無表情

どこにも力が入っていない顔は「無表情」と判断されがち。本人がリラックスしていても、不機嫌なイメージを与えてしまいます。

ここが気くばりのコツ!

本音が知りたいときは左側の表情に注目

脳と体の位置関係は錐体交叉（すいたいこうさ）により左右が逆になります。感情をつかさどるのは右脳。そのため右脳とつながっている顔の左側に本音が表れます。相手の本音を知りたいときは、左側の表情に注目しましょう。

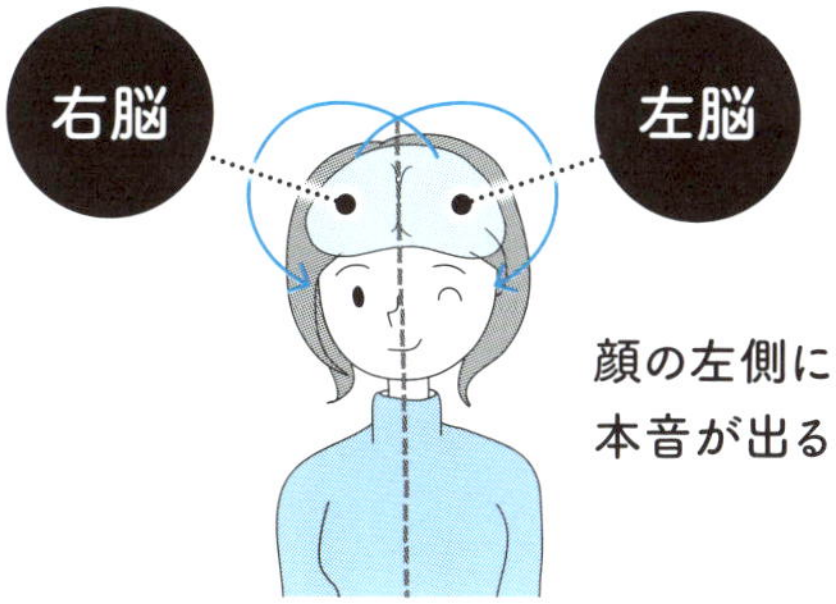

02

【うなずきとあいづちの技術】

真剣に聞いていることを上手にアピールしよう

POINT

- □ 話を聞き流すような態度は相手をイラッとさせてしまう
- □ 適切な「うなずき&あいづち」で相手に信頼してもらえる

目に見える反応を返すことで好感度がアップする

自分の話を聞き流す人に対して、人は不快感をいだきます。一方、**話を真剣に聞いてくれる人に対して、親近感や信頼感をいだきます。**

ただし、いくら真剣でも、目を見つめると、相手にプレッシャーを与えてしまいます。「うなずき」や「あいづち」を適度におりまぜ、**威圧感を与えずにアピールすること**が大切です。

また、**「うなずき」や「あいづち」は相手が話すペースに合わせること**が大切。話の内容に関係なくうなずいたり、あいづちを打ったりすると、相手は「きちんと聞いていない」と判断して、かえって印象を悪くしてしまうこともあります。

まずは、よく耳を傾け、内容をしっかり把握するように努めましょう。その上で、次のページで紹介する「うなずき」と「あいづち」のテクニックを使ってみましょう

相手から信頼を得られるうなずき方をマスター

相手の目を見る
話をしっかり聞いていることを伝えるため、うなずく前に２秒ほど相手の目を見つめます。

うなずく（大小）
大きく１回うなずき、そのあと小さく２回うなずきます。メリハリをつけることが大切です。

目をそらして間をとる
うなずいたあとに少し間を空ければ、「意見をかみしめている」という印象を与えられます。

話を聞くときは、適度にうなずきを入れ、相手に同調の気持ちを示すことが大切。間を取ったり、うなずき方を変えたりすることも必要。

あいづちの3パターンを上手に使い分ける

感心のアクション
相手への興味や尊敬を示すために、少し前のめりの姿勢であいづちを。

驚きのアクション
うしろにのげそり、目を見開いて、あいづちを。大げさにならない程度で。

ねぎらいのアクション
共感していることを表情で示しながら、軽くうなずき、あいづちを。

あいづちには「感心」「驚き」「ねぎらい」の３パターンがあります。相手の話の内容に適したあいづちを打ち、相手の気持ちを盛り上げましょう。

【質問で心を開いてもらう技術】

03 「クローズド」「オープン」の質問を使い分ける

POINT

- □「クローズド」と「オープン」の2つのスタイルを意識しよう
- □適切な質問を投げかけるために会話の流れを読むセンスを磨く

適切な質問を投げかければ距離がいっきに縮まる

わからないことを聞くことだけが質問ではありません。聞き手が話し手に投げかける質問で、会話の展開は大きく変わります。**質問は会話の流れをコントロールする機能がある**のです。

次ページで詳しく説明しますが、質問の方法は**大まかに「クローズド・クエスチョン」と「オープン・クエスチョン」に分類**できます。相手に質問をするときは、状況を考えながら、この2つを使い分けましょう。

また、話の展開を考えながら質問の内容を変えていくことも大切です。会話の流れに沿って相手の話したいことに焦点を当て、適切な質問を選びます。

ひとつの質問が、お互いの距離を縮める大きなきっかけになることもあります。相手が話したいことを引き出すつもりで質問を投げかけるようにしましょう。

「クローズド」と「オープン」の違いとは?

種類	クローズド・クエスチョン	オープン・クエスチョン
定義	「はい」「いいえ」などで簡単に答えられる質問	「はい」「いいえ」などでは簡単に答えられない自由度の高い質問
例	・相手は断ったの? ・どっちが好きなの? ・明日は買い物に行くの?	・相手はどうしたの? ・だれが好きなの? ・明日はどんなふうに過ごすの?
返事のしやすさ	○ 返事がしやすい	△ 即答できない場合も
会話の広がり	× 広がりにくい	○ 広がりやすい

口が重い相手には「クローズド」から入る

【クローズドからの展開】

自分 映画は好きですか?Ⓒ
相手 はい。
自分 映画館にもよく行くの?Ⓒ
相手 ええ、行きます。
自分 映画のジャンルは?Ⓞ
相手 アクションものですね。

話題を変えたいときは「オープン」から展開する

【オープンからの展開】

自分 そうそう、そういえば、先週のコンサートの話、聞かせてよ。どうだった?Ⓞ
相手 よかったわ。
自分 どこがよかったの?Ⓞ
相手 だって……(理由)

Ⓒ クローズド・クエスチョン　Ⓞ オープン・クエスチョン

04

【聞いていることをアピールする】

声を出さなくても聞いているサインは出せる

POINT

- □ 返事&質問にプラスして視線、表情、姿勢で表現する
- □ サインのタイミングをはずすと相手から疑われてしまう

聞くときの態度や姿勢にも気をくばる

自分の話をまじめに聞いてくれない人、聞き流すような人には、だれもが不快感を持ちます。その意味で「きちんと聞くこと」は大切です。ただ、真剣に聞いていても、相手にその事実が確実に伝わらなければ、意味がありません。

先で述べたように、あいづち、返事、質問など言葉で表現することはもちろんのこと、**視線、表情、姿勢などの言葉以外の表現（相手の視覚に訴える表現）でわかりやすくアピールする**ことが大切です。

これらの反応を返すときは、相手の話すペースに合わせることも重要。早めに反応しすぎると、相手は「あせっている」と解釈します。逆にタイミングが遅れると、相手は「ぼんやりしている」「聞いていない」と解釈します。**ほどよいタイミングで、相手の視覚に訴えるつもりで返しましょう。**

2つのサインでコミュニケーションを円滑に！

目線を送る位置

基本的に相手の顔を見ながら聞きます。ときどき、相手の目を見たり、口元に視線を移したりします。相手の目を見つめ続けないように注意。

姿勢・表情のサイン

少し体を相手の方向に傾け、椅子にゆったりと座ります。腕組みはしないこと。真剣な表情で、口を閉じたまま、相手の話を聞きます。

ここが気くばりのコツ！

話をしている人に「どう見えているか」を意識しよう

話をしている相手は「自分の話をきちんと聞いてくれているか」を確認しています。頭のなかで話す内容を整理しながら、あなたの態度をチェックしているのです。大げさにならない程度に、わかりやすいサインを出せば、信頼感が高まります。

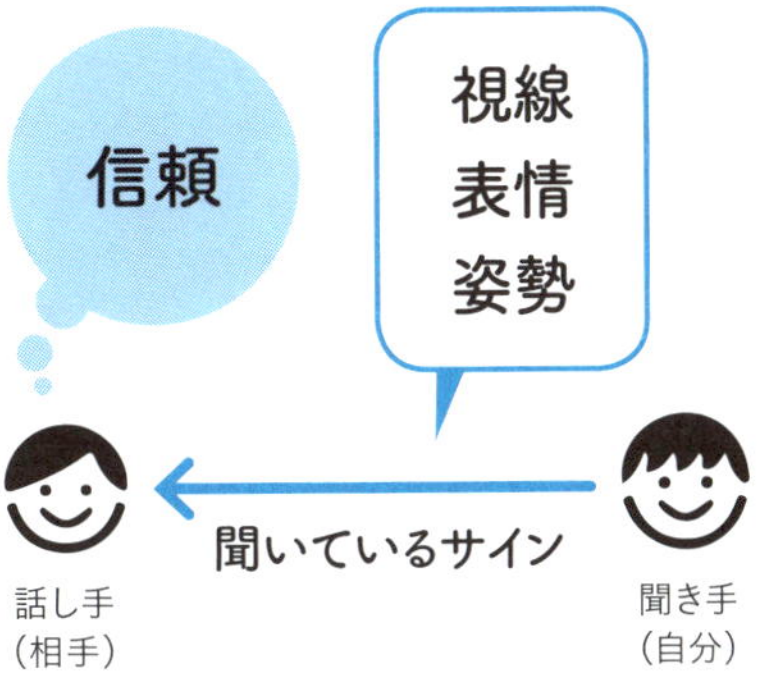

05

【口ベタな人から話を聞き出す】

落ち着いた態度で聞き話のきっかけを提供する

POINT

- □ 落ち着いた態度と笑顔で話しやすい雰囲気をつくる
- □ 自分の話をしたがらない人にはこちらからきっかけを差し出す

「相手は敏感になっている」と考えて対応しよう

話ベタな人は自分で話が得意ではないことを自覚しています。**自覚しているからこそ、相手の反応に敏感になります**。不安な気持ちがあり、「うまく伝わっているか」を確認したくなります。相手の気持ちを察して、こちらから話しやすい雰囲気をつくりましょう。

こちらが落ち着いた態度で聞き、にこやかな笑顔で迎え入れれば、相手は安心して話せるようになります。また、相手の話をときどき要約して返せば、話を理解していることがそのつど確認できるため、話の途中でとまどうようなこともなくなります。

さらに、**自分から話をしない人には、きっかけを提供することも必要**です。

「○○さんの話が聞きたい」と水を向けてみましょう。きっかけをつかみ、場の空気がやわらげば、口ベタな人も話しやすくなります。

口ベタな人には「自分が興味のあること」を話す

【初対面の人の場合】

✖ 何か話してください！

○ 私は○○（俳優の名前）が好きなんです。
××なところが
最高ですよね。
Aさんはどうです？

【親しい間柄の場合】

✖ 調子はどう？
元気にしてた？

○ 昨日、テレビ観てた？
××って番組が
好きなんだけど……、
知ってる？

口ベタな人に発言を強要するような態度はNG。余計なプレッシャーを与えると、ますます発言しにくくなります。発言を引き出すときは、まず自分の興味のある分野から始めること。興味を示してくれたら、それをきっかけに話を展開します。

ここが気くばりのコツ！

口ベタな人を委縮させる態度に注意！

話すことに対して苦手意識を持っている人は、相手の反応に対して敏感になっているので、イライラしたり首をかしげたりすると相手を追いつめることに。ゆったりとした態度や笑顔で「話を聞く態勢が整っていること」を示します。

【自慢話を聞くときの態度と返し方】

06

あいづちを打ちながら大切な情報を引き出す

POINT

- □自慢話をしたがる人はみんなに認めてもらいたい人
- □長所を認めて頼れば心強い味方になってくれる

自慢話を真剣に聞くだけで信頼関係を築ける

自慢話をしたがる人には、**「自分の存在を認めてほしい」という欲求**があります。悪気があるわけではないので、「また、始まったよ」と敬遠せず、あいづちを打ちながら、素直に話を聞いてみましょう。

真剣に聞けば、自分にとって有益な情報やためになる話を引き出せるかもしれません。

また、自慢話をする人は、プライドが高いので、そのプライドを刺激すれば、難しい仕事でも快く引き受けてくれます。

自慢話をする人を否定せず、**長所を認めて相手を頼ることで、信頼関係を築けます。**自分の話を真剣に聞いてくれる人には、だれもが好意をいだくからです。

プライドが高い人は、それなりの実力を備えています。相手の実力を引き出すつもりで、自慢話に耳を傾けてみましょう。

有益な情報を自慢話のなかからピックアップ

【自慢話のなかみ】

自慢話には、事実・実績と誇張されたウソがまざっています。真剣に話を聞き、まず事実・実績を推察します。その上で、「○○について、ぜひ教えてください」と声をかけます。

プライドを刺激して、力になってもらう

【お願いをする】

- ○○さんなら、きっと簡単ですよね。
- ○○さんしか、できないと思います。
- ○○さんだから、
  ご相談できるんですが……

↓

【お礼を述べる】

- ありがとうございます。
  本当に助かります。
- お願いしてよかった！
  ありがとうございます。
- すごいです。
  やっぱり○○さんじゃないと！

自慢話をする人に仕事をお願いするときは、プライドを刺激する表現を使います。仕事で成果をあげてくれたときは、心を込めてきちんとお礼を述べれば、よい関係を築けます。

07

【親やお年寄りの昔話を聞く】

あなたを困らせる話が長い人への向き合い方

POINT

- □「自分の体験を聞かせたい」という気持ちを理解しよう
- □じっくり話を聞くために40～60分の時間を確保する

親族には甘えの気持ちが働く！心に余裕を持って対応すること

お年寄りが若い人に昔話をするときは、苦しかったことやつらかったことを伝えることで、その経験を語り継いでもらいたいと考えています。また、昔話を聞いてもらうことで、自分の人生を整理したいとも考えています。

お年寄りの方が話しかけてきたときは、**貴重な人生経験を披露してもらえる絶好の機会**と考えるようにしたいものです。

一方で、自分の親や親戚の昔話に対しても、同じように真剣な態度で耳を傾けましょう。**親族に対しては甘えの気持ちが働く**ため、「面倒くさい」「時間がない」などと感じてしまいます。

じっくり話を聞くために必要な時間は「40～60分」と言われています。忙しさを理由に拒絶せず、話を聞く姿勢を示します。たとえ一度聞いた話でも、自分との接点を探しながら、新鮮な気持ちで聞きましょう。

積極的に質問して昔話の接点を探る

「ガマンして聞く」という気持ちで接すると、昔話は退屈なものになります。積極的に接点を探し、ときどき質問を投げかけてみましょう。相手を尊重しつつ、コミュニケーションの糸口を探します。

親の小言は受け止めてから冷静に返す

親にとって子どもはいくつになっても子ども。心配のあまり口を出したり自分の考えを押しつけたりする面があります。そんなとき、「私は私だから」と遮断せず、親の小言を一度受け止め、そのあと、「私はこうしたい」と冷静に伝えましょう。

ここが気くばりのコツ！

「長くても60分」と考えれば対応できる

人の話をじっくり聞くときに必要な時間は40～60分程度。これはカウンセラーがカウンセリングを行うときの時間設定です。話をする人も聞く人も、60分を超えると集中力がなくなり散漫に。「何時間も聞くわけではない」と考えましょう。

相談を受ける人の心得

困ったときに「あの人に相談してみよう」と思える人はいますか？
気くばりが上手にできる人は、相談を受けるときも的確な対応ができます。

ビジネスは成果、プライベートは共感！
状況によって相談の目的は変わる

ビジネスで相談を受ける場合と、プライベートで相談を受ける場合は、求められているものが違います。

ビジネスの場合、相談はアドバイスや指導に近く、相手が求めているのは、具体的な成果や解決策です。

一方、プライベートの場合は、成果よりも共感を求められます。明確な解決策が見つからないときも、気持ちに寄り添うだけで、相手が満足してくれることが多いのです。

相手が求めているものは成果なのか、共感なのか。相談される立場の人は、まず、その目的を見極める必要があります。

相談する人の目的

ビジネス ……→ 成果

プライベート ……→ 共感

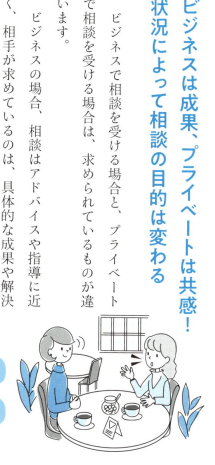

相談を受けるときの気くばり

【ビジネス】

相談を受けるときのポイント

- □相談する時間を決める
- □要点をヒアリングする
- □次回のアポイントをとる

ビジネスの場で相談を持ちかけてられたときは、はじめに相談が可能な時間を確認します。こちらが対応できる時間をあらかじめ告げ、その中で懸命に対応します。もし、時間内に問題が解決しない場合は、次のアポイントをとります。

ビジネスで相談を受けるときの流れ

相手が相談を申し出る

すぐに時間がとれる

○分くらいしか時間がとれないのですが、大丈夫ですか？

時間を区切ったほうが効率よく問題に対応できる。

つまり、××は○○という点が問題なんですね？

ヒアリングをして、問題点をはっきりさせる。

問題が解決しなかった

（明日の）○時ごろ、もう1回話しましょう。

具体的にアポイントをとり、スケジュールに組み入れる。

それまで、××について少し整理してもらえますか？

問題解決につながる情報を相手に用意してもらう。

問題が解決した

また、いつでも気軽に相談してください。

歯切れよい口調で。ほほえみながら。

今は時間がとれない

○時になれば時間がとれます。それまで、待ってもらえますか？

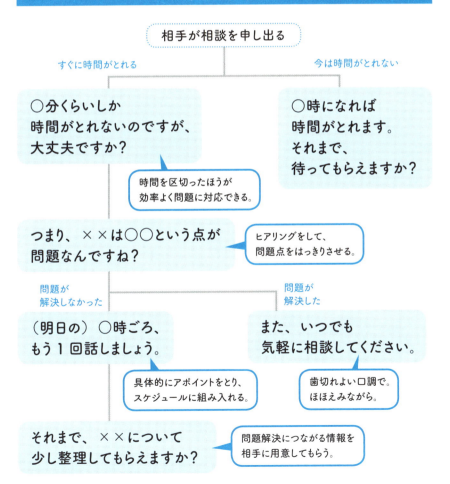

相談を受けるときの気くばり

【プライベート】

相談を受けるときのポイント

- □ 時間をたっぷりとる
- □ 共感の言葉を投げかける
- □ 気持ちの整理をうながす

プライベートな間柄で相談を受ける場合は、たくさん時間がとれる日時を指定します。ほかに用件がある場合は、さりげなく事前に告げておくこと。予告しておけば、話を切り上げるときのきっかけになります。

プライベートで相談を受けるときの流れ

相手が相談を申し出る

時間に余裕がある

〇日の午後なら時間があります。お茶でも飲みながら話しますか？

たっぷり時間がとれる日時を提案する。

ほかに用件がある

〇日の午前中でもいいですか？
午後から〇〇（用件）があるので、それまでなら……。

ほかに用件がある場合は、事前に予告する。

【共感を表す言い回し】
- そうですか、それはたいへんでしたね。
- 信じられない気持ちになりますよね。

大げさにならない程度にうなずきながら、共感する。

【気持ちの整理をうながす】
- 気分を変えることも大事ですよ。
- 結論が出ないこともありますよね。

相手の悩みが深刻で無責任なことが言えない場合のフレーズ。

【話を切り上げるときのひと言】
- 私でよければ、いつでも相談にのります。
- また、じっくりお話を聞かせてください。

相手から申し出がないなら、具体的なアポイントを入れない。

仕事＆プライベートに共通

これをやったら、嫌われる！
相談を受ける人のNG言動

**相談を受けるとき、はりきりすぎると失敗します。
あくまでも、こちらは受け止める側であることを忘れないようにしましょう。**

相談を受けるときは、「相手８：自分２」を目安にして話をします。ですから、相手の発言をさえぎって自分の意見を差しはさむのはＮＧ。議論ではないので、相手の同意が得られないまま、自分の意見を押しつけないようにしましょう。また、すぐ正論を言う人も嫌われます。正しいかどうかは、二の次。正論だけでは解決できないから相談しているという前提を頭に入れておきましょう。

さらに、話を聞いているうちに怒ったり、興奮したりするのもＮＧ。相談している人を困らせてしまうだけです。もちろん、上から目線で「そもそも、こういうことは～」と説教する人も嫌われます。

Check!

1. 相手の話をさえぎる
2. 自分の意見を押しつける
3. すぐに正論を述べる
4. 感情的になる
5. 「そもそも論」で説教する

常識問題にトライ！

社内のふるまいクイズ

Q1

新入社員が、部長にある用件を頼まれました。
そのとき、次のように返事をしました。
正しい返事を選んでください。

ア はい、OKです。

イ 了解しました。

ウ 承知しました。

エ かしこまりました。

Q2

後輩がプライベートなことで悩んでいます。
相談に乗ってあげるとき、
やってはいけないのは、どんなことですか？

ア 真剣に話を聞きながら、あいづちを打つ。

イ 自分の経験をもとに、できるだけ早く、
正しい方向に導けるように指導する。

ウ 時間を決め、短い時間で問題を解決する。

エ 自分の意見を言わず、相手の意見に共感する。

①の答え：ウエ……アは論外。イは少しカジュアルな返事なのでふさわしくありません。
②の答え：イウ……プライベートの悩みの相談に対して、早急に結論を出す必要はありません。

第3章

気くばり上手のコミュニケーション術

コミュニケーションで気くばりの力を発揮するときは、
場の状況を正確につかむことが求められます。
同時に、だれに対してどんなメッセージを伝えるかによって、
表現や言葉、態度なども変化します。
場の状況、相手、目的に合わせて、
そのつど調整しながら対応する力を身につけましょう。

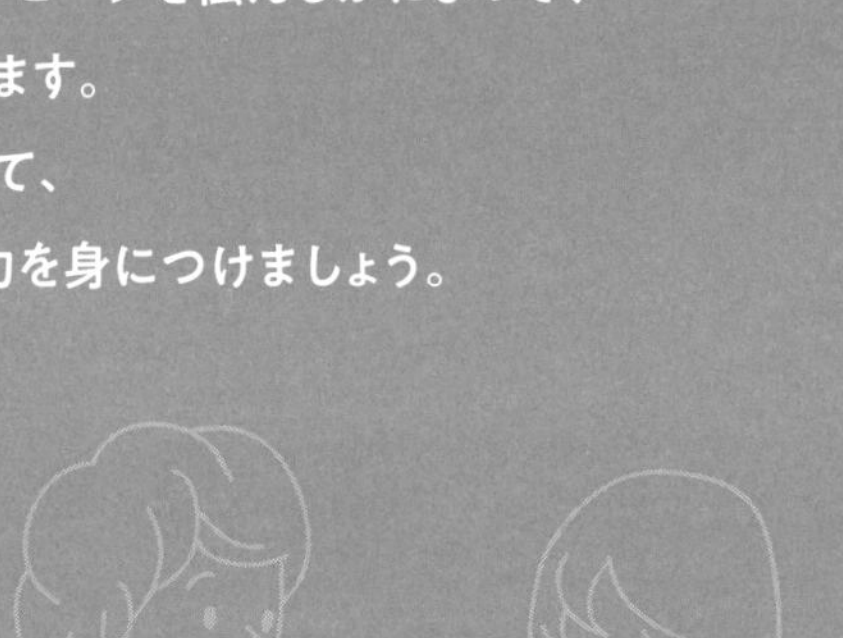

社内編

01

【あいさつと声がけの習慣】

あいさつは相手に自分を認識させること

POINT

- □ 名前を呼んでからひと言！それだけで印象がよくなる
- □ あいさつは絶好のチャンス！それだけで人間関係が円滑に

声のかけ方を工夫するだけで声をかけてもらえる人になる

ビジネスシーンでは「ひと言のあいさつ」からコミュニケーションが始まります。上司に対しても部下に対しても、明るく自分から声をかけることを習慣にしましょう。

あいさつに気持ちを込めることも大切。あいさつをきっかけにおつきあいの輪を広げるように心がけましょう。**相手の名前を呼んだり、あいさつにひと言プラスしたりする**だけで、場の雰囲気が明るくなります。相手の状況を観察して、気くばりのひと言をプラスできるようになれば、印象がグンとアップします。

あいさつを、義務ではなく**人間関係を円滑にするチャンスととらえ**、積極的に社内の人とかかわりを持つように努力してみましょう。こちらが積極的に接すれば、自分からあいさつしてくれなかった人が、先に声をかけてくれるようになります。

出社のときにひと言を添えるコツ

名前＋あいさつ　〇〇課長、おはようございます。

↓

ああ、おはよう。

↓

ひと言　今日は冷えますね。

↓

そうだね、寒いよね、今日は。

↓

話題の転換　ところで、××の案件ですけど……

名前を呼んでからあいさつをして、そのあとひと言プラスすれば、2往復の会話が成立します。そのあと、「ところで」と話題を変えます。

ランチの声がけは状況に合わせて使い分ける

CASE 1
【ひとりで食べたいとき】
お昼に行ってきます。

CASE 2
【外で弁当を買うとき】
お昼、買ってきます！

CASE 3
【不特定多数の人を誘うとき】
お昼、どうしますか？

CASE 4
【自前の弁当を食べるとき】
先にお昼、いただきます。

CASE 5
【特定の人を誘うとき】
お昼、行きませんか？

ランチをひとりで食べるかどうかはケース・バイ・ケースです。いちいち周囲にお伺いを立てるのは面倒なので、声のかけ方を工夫して自分の意思を明らかにしましょう。

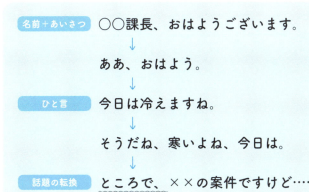

社内編

02

【社会的な距離をはかる目安】

5つのステップを意識すれば自然に親密な関係になれる

POINT

- □自分と相手の距離を意識！ あせらず信頼を勝ち取ること
- □人と人との関係性は5つのステップに分類できる

「今はどんな関係か？」親しくなるための段階を知ろう

人と人はお互いに絆を確かめ、少しずつステップを踏みながら親しくなっていきます。**自分と相手が今、どの段階にあるかをつねに意識するクセ**をつけておきましょう。

もし、お互いに「親友」と呼べる間柄なら、自分の深刻な悩みを真剣に受け止め、誠実な答えを返してくれるでしょう。一方、顔見知り程度の関係の相手なら、打ち明け話をするのは無謀。相手をとまどわせてしまうだけです。

ときには相手の懐に飛び込むことも大事ですが、程度というものがあります。**過度なアプローチは相手に警戒心を与えてしまいます**。

次ページでは、絆を深めるための標準的な5つのステップを紹介しています。

自分と相手の関係がどの段階にあるかを冷静に判断してから、相手との距離をつめるようにしてください。

5つのステップで相手との距離を縮める

ステップ	関係	説明
ステップ1	あいさつをする関係	顔や名前を知っていてお互いにあいさつだけはするという関係。名刺交換をしただけの相手もこの関係。
ステップ2	世間話・雑談をする関係	同じ場にいれば世間話や雑談をする関係。出身地など、簡単なプロフィールはお互いに知っているという間柄です。
ステップ3	意見を交換する関係	あるテーマに沿って意見交換ができる関係。お互いの性格、考え方などもだいたいわかっているという間柄。
ステップ4	プライベートな話をする関係	家族や血縁を含む自分のプライベートな情報を披露できる間柄。互いに気心が知れており、気をつかわず話せる関係。
ステップ5	内面の悩みを相談できる関係	自分の内面をさらけだせる関係。真剣な悩みを聞いてもらえる間柄。親友同士や恋人関係がこれに当たります。

だれとでも親密になる必要はありません。相手と自分の距離を正しくつかみ、「この人なら」と思える人に、距離をつめるアプローチをしましょう。

社内編

03

【同僚と上手につきあうコツ】

比べて落ち込むのではなく がんばるパワーに変える

POINT

- □ライバル心を持つのはOK 嫉妬心を持つのはNG
- □「チームの一員」と考えることで 好き・嫌いの感情を抑えられる

ライバルとうまくつきあうことも「社会人として当然」と考える

入社時期が一緒の同僚はお互いに比較の対象となるため、ライバル心をいだくのは自然な感情です。しかし、嫉妬心のようなネガティブな感情を持つのは考えもの。お互いを高め合う、いい意味でのライバル関係になることを目指しましょう。

出世のスピードや報酬の多い・少ないだけで個人の優劣は決まりません。人生の中ではほんのささいなことと考え、**同僚の成功を心から祝福できる人になりたい**ものです。

もし、ネガティブな嫉妬心を克服できれば、同僚は大切な仲間になります。お互いに相性がよくない場合でも、**チームの一員として役割をはたすことを目的にすれば、協力し合える関係になれる**はずです。

コミュニケーションを積極的にとって人間関係を円滑にすることも仕事のひとつです。

嫉妬心から始まる「負のサイクル」に注意しよう

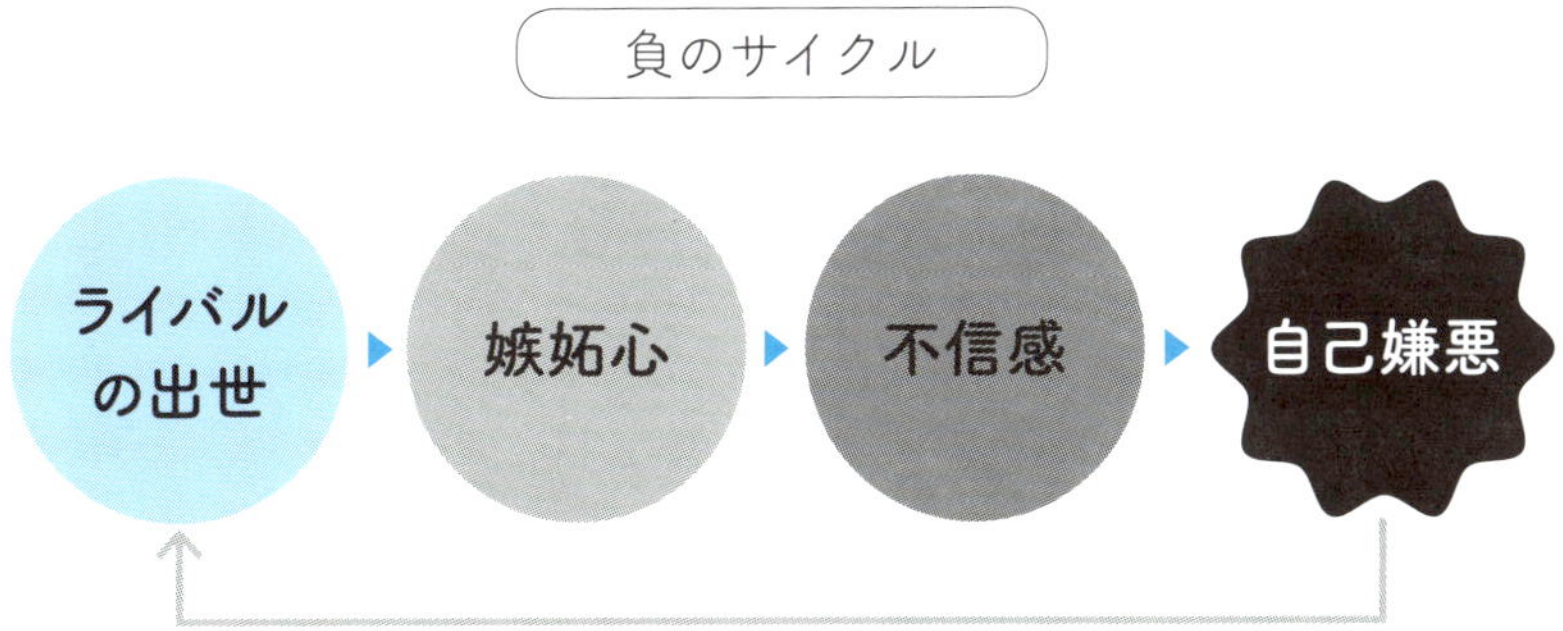

ライバルが自分よりも早く出世して嫉妬心が芽生えると、「不当に評価されている」と感じるように。それが上司に対する不信感に発展し、最終的には自己嫌悪となって自分にはねかえってきます。このような負の連鎖に入らないように注意。

ここが気くばりのコツ!

ライバル心を否定せずに成長のパワーに転換する

同僚はもっとも身近な存在。比較の対象となるのは自然なことです。「相手に負けたくない」と思う気持ちを「自分もがんばろう!」という気持ちに転換すれば、負の感情に支配されることもなくなります。

社内編

04

【先輩に好かれるコツ】

素直に信頼すれば信頼で返してもらえる

POINT

□ 頼りにしてくれる後輩を先輩は「かわいい」と感じる

□ 難しい局面に立たされたとき先輩は心強い味方になる

壁をつくらず、素直な気持ちで先輩とコミュニケーションをとる

後輩を指導しつつ助けるのが先輩の役割です。しかし、だれにでも平等に接することは難しいことも事実です。仕事の要領が悪くても何かと頼りにしてくれる後輩に対しては「かわいい」と思える一方で、**仕事ができても冷淡な態度をとる後輩に対しては「かわいげがない」と感じてしまう**のは仕方がないことです。

先輩に対して壁をつくらず、積極的に働きかけましょう。

日ごろから先輩を慕い、**信頼を寄せる気持ちを素直に伝えれば、相手もその信頼に応えるように力を貸してくれる**はずです。

社会人として自分の行動に責任を持つことは当然ですが、自分ひとりで解決できない問題もあります。苦しいときや困ったとき、先輩が心強い味方になってくれるように、日ごろからコミュニケーションをとりましょう。

先輩の時間を盗まないように気をつける

いくら新人でも、そのつど先輩に指示をあおぐのは考えもの。基本的な進め方を教えてもらったら、あとは自分なりに工夫してこなし、途中経過を確認してもらいます。先輩も自分の仕事をかかえていることを忘れないように。

仕事の相談

× 何度も指示をあおぐ
↓
わからなければ説明してもらう

○ 進め方を聞いて自分で工夫する
↓
念のために確認してもらう

イヤミにならない程度に、しっかりほめる

【目についたところをほめる】
かっこいいスーツですね。

【仕事の成果をほめる】
完璧な企画書でした。さすが先輩ですね。

【指導の手際をほめる】
よくわかりました。勉強になります。

本心からのほめ言葉なら、人間関係をスムーズにする潤滑油になります。イヤミにならない程度に、ほめましょう。

ここが気くばりのコツ！

先輩が求めていることを意識して行動しよう

先輩には先輩の役割があります。お互い「〜であるべき」「〜したい」という気持ちがあることを理解しましょう。先輩が求めることを意識して行動すれば、親密な関係を築けます。

先輩 → 後輩

先輩が求めていること：意欲　信頼　同調

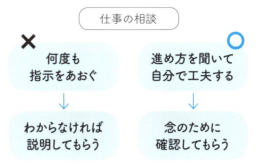

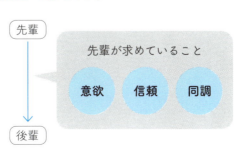

社内編

05
【上司と親しくなる方法】

敬意を忘れずに自分から働きかける

上司が好意を持つのは関心を示してくれた部下

上司には部下を教育する責任があります。同時に部下を動かして業績に結びつけることも求められます。そのため、ときには部下を厳しく叱責することもあります。上司から叱責を受けたときに「非難された」「攻撃された」と受け取らないように注意しましょう。上司は部下に自分の成長につながる素直さを求めています。

また、上司も人間なので、好き・嫌いの感情はありますが、**見えすいたお世辞で取り入ろうとするのは逆効果**。「口先だけの人」というレッテルを貼られるかもしれません。

上司に好かれたいと考えるなら、まずは相手に敬意を払いつつ、こちらから積極的にコミュニケーションをとるようにしてみましょう。

自分に関心がある人に対して好意を持つのは当然の感情です。**ときには上手に頼ることも、上司との距離を縮めるよい方法**になります。

POINT

- □ 上司が部下を厳しく叱るのは業績を上げる責任があるから
- □ 「お世辞で出世」は時代錯誤！おべんちゃらは嫌われる

一貫した態度と行動で上司の信頼を得る

上司に好かれる態度と行動

- つねに敬う気持ちを示す
- 話をするときは真剣に聞く
- 雑用を進んで引き受ける
- 失敗しても言い訳をしない

上司に対する気持ちはふだんの態度や行動に表れます。上司が求めていることを知り、上手にふるまうことは大切です。

「部下＝イエスマン」ではない!
ときには意見をぶつけてみる

何ごとにも「イエス」と従うだけでは上司に評価してもらえません。反対意見があるときは、言い回しに気をくばりつつ、自分の考えを率直に伝えてみましょう。

ここが気くばりのコツ!

あえて話しかけることで苦手意識を消す

「苦手だ」と感じる上司には、感情をうまくコントロールして、苦手な気持ちをさとられないようにしましょう。「嫌いな気持ち」を態度に出さず、自分から積極的に話しかけ、「共通の話題」を見つけることから始めてみましょう。

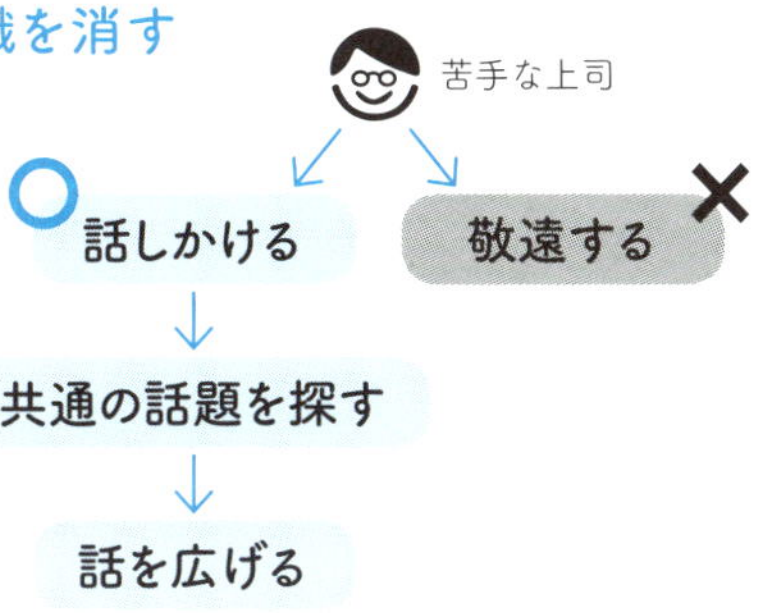

社内編

06

【部下や後輩の叱り方】

ミスの状況確認のあとに改善策を見つけてもらう

POINT

- □ 怒りにまかせて叱るのはNG！冷静にヒアリングしよう
- □ 叱るのではなく改善策を見つける手伝いをする

命令せずに策を考えさせる！自分で決めたことは実行できる

部下や後輩のミスやトラブルに対応するとき、怒りの感情が湧いてくることがあります。その昔、怒りにまかせて大声でどなるような上司もいましたが、今は肯定されません。怒りにまかせて反省をうながしても、**正しい改善策が見つからないからです。**

まずは、相手に質問をぶつけ、どんな状況でどんなミスをしたかをヒアリングします。事実を正確に把握しておかなければ、ミスの原因はつかめません。

そのあと、頭ごなしに叱るのではなく、具体的に**どうすればミスを防げるようになるか**を考えてもらいます。人に命令されると「やらされている」と感じます。でも、自分で決めた改善策なら、積極的な気持ちで実行できるようになります。叱るのではなく、**改善策を見つける手助けをする**と考えましょう。

感情に身をまかせるのは危険！

ミスを叱る前に、自分が「怒り」の感情に支配されていないかを確認します。怒りを原動力に叱ると、問題解決につながらなくなるからです。はじめに、ヒアリングをするクセをつけましょう。

現状を把握してから、改善策を求める

後輩のミスをたしなめるとき、こちらが一方的に話し続けると、高圧的な印象を与えてしまいます。相手に発言の機会を与えつつ、反省をうながします。具体的な改善策を後輩に考えさせ、それを実行することを約束してもらいます。

ここが気くばりのコツ！

時間と場所を変えて、怒りを鎮める

怒りの感情は長続きしません。相手に怒りの矛先を向けてしまいそうになったら、いったんその場を離れて頭を冷やしましょう。30秒ほど待つだけで、冷静になれます。

社内編

07

【テレワーク時代のコミュニケーション】

コミュニケーションはチャットが中心になる

POINT

- □ メールが使える人なら楽勝！チャットは難しくない
- □ チャット、電話、メールを自在に使い分けられる人になる

テレワーク時代に対応するためにルールに慣れておこう

コロナ禍によって働き方が変化し、日本でもテレワーク中心の働き方が普及しました。「出社ゼロ」ではないにしても、デスクワーク中心のビジネスパーソンはテレワークへの対応が求められています。

テレワーク時代の連絡は離れた場所で気軽にやりとりできる「チャット」が中心になります。

電話やメールも有効ですが、あくまでも次善の策という位置づけになるでしょう。

メールを使っていれば、チャットへ移行するのは難しいことではありません。ただし、チャットならではのコミュニケーションのコツもあるので、ここで確認しておきましょう。

今後、社内・社外を問わず、**テレワークを利用したチーム単位のプロジェクトが増えていく**ことが予測されます。今のうちに慣れておきたいものです。

チャット中心のコミュニケーションに切り替える

テレワークで仕事を進める場合は、対面ではなくメッセージでのやりとりが増えます。チャットならではのコミュニケーションのポイントをつかんでおきましょう。

チャットならではの基本ルール

- 文頭のあいさつや締めの言葉は不要
- 短い言葉でスピーディに返信する
- 状況により絵文字の使用もOK

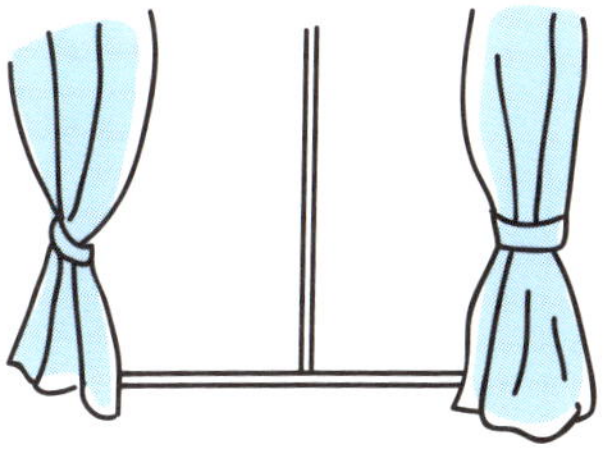

コミュニケーションのコツ

1 プレゼンス機能で「今の状態」を報告

チャットのプレゼンス（在席）機能を使えば、メンバーの在席状況や行動予定をリアルタイムに共有できます。相手が何をしているかすぐにわかるため、コミュニケーションロスを減らせます。

2 スケジュールを共有する

テレワークでは、メンバーが今どんな仕事をしているのかわかりづらくなります。一緒に進行していることを実感するため、スケジュール管理ツールやカレンダーなどで、進捗を共有します。

3 臨機応変に連絡手段を切り替える

「この内容はチャットでは伝わりづらい」と感じたら、電話での連絡に切り替えます。また、急ぎではない社外への連絡は、今まで通り、メールで行います。

4 「雑談の時間」を取り入れる

チャットやリモート会議の合間に、あえて雑談をする時間を用意します。5分間でもかまいません。チームのよい関係を保つために、リラックスした時間を共有します。

社内編

08

【ビデオ会議のスムーズな進め方】

ビデオ会議の進行役がメリットを生かす気くばりを！

POINT

- □ 場所の確保・移動の時間が不要！働く時間が短くなる
- □ 発言、反応、退出に関するビデオ会議のコツがある

60分の定例会議を40分に！議事録を配布する手間も省ける

テレワークが普及しつつある今、Zoomをはじめとするビデオ会議アプリを利用した打ち合わせが増えています。ビデオ会議のメリットは、必要なメンバーで短時間に成果をあげられること。対面の会議のように、**場所を押さえたり移動したりする必要がなくなります。**

ビデオ会議のメリットを生かすために、会議時間をいつもより短めに設定しましょう。60分かけていた定例会議を、40分程度に設定。上手に進行すれば、時間を圧縮することは可能です。

進行役が用意した議題に、書記役が決定事項をその場で記入すれば、**改めて議事録を作成したり配布したりする手間も省けます。**

次ページで紹介する「ビデオ会議のコツ」を全員で共有すれば効率がさらにアップ。短めのビデオ会議でも対面の会議と同じ成果があげられることがわかります。

ビデオ会議のコツをつかんで効率アップを目指そう

ビデオ会議には対面の会議とは異なるルールやコツがあります。上手に進行すれば、短時間で効率よく成果をあげることができるようになります。

ビデオ会議ならではの基本ルール

- 時間制限を40分前後に設定
- 同意の声は出さずに絵文字やジェスチャーで反応
- 進行役が議題を用意しておく

ビデオ会議のコツ

1 はじめる前に出欠を確認する

会議が始まったら参加メンバーを確認。接続トラブル以外の理由で遅れる場合は、チャットや電話で「先にスタートしてください」とお願いします。

2 5人以上なら名前を名乗る

ビデオ機能をオンにしていても、参加メンバーが5人以上になると、だれの発言かがわかりにくくなります。「○○です」と短く名前を述べてから、発言するようにします。

3 ディスカッションは議題を画面で共有

ディスカッションをする場合は、ビデオ会議ツールのホワイトボード機能を利用。また、進行役が箇条書きにした議題を用意し、画面共有する方法もおすすめ。

4 会議の途中退出はチャットで

別件の会議があるなどの理由で途中退出する場合は、チャットで「○○の用件があるため、途中で退出します」と書いてから退出。メンバーへの声がけは不要です。

ここが気くばりのコツ！

ヘッドセットを使うときは、オン・オフを使い分ける！

パソコンでビデオ会議に参加するときは、ヘッドセットを用意。基本的に、発言するとき以外は自分のマイクをオフにしておきます。環境にもよりますが、オンにしておくと、周りの音を拾い、雑音として伝わってしまいます。

社内編

気くばりがうまい人の ものの言い方28フレーズ

毎日顔を合わせる職場の上司や先輩に対するいつもの言い方を整えてみましょう。敬語を正しく使いこなせば、仕事が円滑に進みます。

上司に呼ばれたときの返事

○ **はい、ただ今、まいります。**

✕ 今行きます。

自分の名前を呼ばれたら、まずは聞こえていることを相手に伝えるために「はい」と返事をします。すぐに対応できないときは、「少々お待ちください」と断りを入れることも忘れずに。

直帰するときの連絡

○ **本日は、このまま失礼してもよろしいでしょうか？**

✕ 今日はこれで帰ります。

直帰の連絡をする際には、許可をもらうだけでなく、不在時に自分宛の電話や連絡がなかったかを確認します。場合によっては、帰社して対応すべき案件があるかもしれません。

遅刻するときの連絡

○ **電車が遅延しておりまして、○分ほど遅れてしまいます。**

✕ すみません、ちょっと遅れます。

「ちょっと遅れます」では、どの程度遅れるのか判断できず、相手は対応に困ります。なるべく具体的な時間や状況を伝えるとともに、「申し訳ありません」とお詫びの言葉を添えます。

病欠の連絡をする

◯ 体調不良により、休みをいただいてもよろしいでしょうか。

✕ すみません、今日は休ませてください。

体調不良で休むときも「許可をいただく」という謙虚な姿勢を忘れないようにしましょう。休むのは当然の権利だとしても、「ご迷惑をおかけします」とお詫びの気持ちをプラスします。

仕事の問題を切り出す

◯ A社の件ですが、いくつか問題点がございます。

✕ A社は、ちょっと問題ありですね。

問題があることをうやむやにせず、はっきりと伝えることが大切です。その上で「今後の対応について、ご相談してもよろしいでしょうか」とお願いをします。

検討をお願いする

◯ ご意見をいただきたいのですが、お時間よろしいでしょうか？

✕ 今、ちょっといいですか？

相談する際は、相手の状況を見て話しかけましょう。忙しそうであれば、「〇分ほどお時間いただけますでしょうか」と所要時間を伝えれば、その場で返答しやすくなります。

作業の締め切りを確認する

◯ どのくらい、お時間をいただけますか？

✕ いつまでにやればいいですか？

「明日、この資料をつくって」など期限が漠然としている場合は、「明日の何時までに作成すればよろしいでしょうか？」と聞きます。期限を明確にすればトラブルを回避できます。

急ぎで確認してもらう

◯ 急ぎの案件です。すぐにご確認いただけますでしょうか。

✕ すぐに見ていただけますか？

急な作業は、どうしても相手に負担がかかってしまいます。まずは急ぎの案件であることを伝えながら、通常よりもさらに丁寧に、謙虚な姿勢でお願いしましょう。

来客中の上司に連絡する

○ お打ち合わせ中、失礼いたします。

× ちょっと、すみません、急ぎのご連絡が入ってます。

来客中に上司を呼び出すのは、本来はマナー違反。やむを得ない場合のみと考えましょう。このほかに、「お話し中、申し訳ございません」という言い回しもあります。

急な作業をお願いする

○ 急なお願いで恐縮ですが、ご対応いただけますか？

× これ、すぐお願いします！

自分が急いでいるから、相手にそれを強要するのはマナー違反です。作業を優先してもらうのですから、まず「すみません」とお詫びを述べた上で、謙虚な姿勢で依頼しましょう。

作業の進捗を確認する

○ お願いした○○ですが、いつごろいただけそうでしょうか？

× ○○の件、どうなってます？

言い方によっては、催促しているように受け取られることもあるので、「お忙しいところ申し訳ありません」といった気づかいの言葉を添えるようにすると、印象がやわらぎます。

同僚に作業を手伝ってもらったときのお礼

○ 助かりました、ありがとうございます。

× ご苦労様でした。

仕事を引き受けてもらったときや頼んだ作業が終わったときは、必ずお礼の言葉を述べましょう。「ご苦労様でした」は目上の人が使う表現なので、ふさわしくありません。

ミスを指摘されたときの返事

○ 私の不注意でした。申し訳ございません。

× ちょっと、てんぱってまして、ごめんなさい。

たとえ正当な理由があったとしても、「別の案件が忙しくて」などの言い訳はやめておきましょう。「すみません」「ごめんなさい」は、上司に対する謝罪の言葉としては適していません。

チームのトラブルを指摘されたときの返事

◯ チーム内で早急に改善策を講じます。

✕ 私のミスではありませんが……。

自分のミスではなくても、チームである以上はその責任を負うべきです。責任逃れをするのではなく、問題解決に努めていることをアピールし、挽回をはかりましょう。

頼まれたことを忘れて、詫びる

◯ 失念してしまい、申し訳ございません。

✕ うっかり忘れていました。

「失念」が正当な理由にはなりませんが、このようにお詫びすることで、相手にこちらの事情をくんでもらえます。もちろん、「すぐに対処します」といったフォローを。

発言をとがめられたときの返し

◯ 心ならずも不用意な発言、お詫びいたします。

✕ 失礼なことを言ってしまい、ごめんなさい。

ほかにも「考えの足りないことを申しました」などの表現もあります。相手が不快な思いをしているのですから、納得してもらえるよう、心からお詫びしましょう。

言われた記憶がないときの返事

◯ 申し訳ありません、聞き落としていたようです。

✕ 聞いていません……。

実際に聞いていなかったとしても、それを主張したところで「言った、言わない」の水かけ論に。こう言ったあと、「恐れ入りますが、もう一度ご指示いただけますか」と返します。

質問の内容を把握していないとき

◯ 私ではわかりかねますので、確認します。

✕ 私の担当ではないので……すみません。

自分の案件でなくても、上司から質問されて「わかりません」という返答は失礼になります。担当者がわかる場合は、「担当の〇〇さんに確認いたしましょうか」と聞きましょう。

質問をするときの文言

○ 質問して、よろしいでしょうか。

✕ ちょっと、わからないんですが……。

質問は、説明をすべて聞き終えてから行うのが基本です。説明の途中で不明な点が浮かんだら、メモを取るなどして残し、質問する前に内容を整理しておきましょう。

意見やアイデアを述べる

○ ひとつ提案させていただけますでしょうか。

✕ いいですか、私の考えでは……。

提案は積極的に行うべきですが、周りの意見を聞くことも忘れないようにしましょう。発言したあとに「いかがでしょうか？」と締めれば、意見交換が活発になります。

確認したいことがあるとき

○ ひとつ、確認させていただきたいのですが……。

✕ ちょっとわからないのですが……。

相手が話している内容に疑問点や矛盾点を感じても、そのまま伝えるのはマナー違反です。あくまでも建設的な姿勢で、「〜についてはどう認識されていますか？」と確認を。

質問に答えてもらったときの返し

○ よくわかりました。ありがとうございます。

✕ なるほどね。そうなんですか。

自分の質問に答えてもらった場合は、「たいへんよくわかりました」「わかりやすい説明をありがとうございます」など、しっかりと納得できたことを伝えるお礼を述べます。

相手の話を引き継ぐときの発言

○ Aさんがおっしゃっていましたように……。

✕ Aさんも申されていましたが……。

「申す」は自分がへりくだる際に使う謙譲語なので、「○○さんも申されていましたが」という表現は間違いです。「言う」の尊敬語である「おっしゃる」を使うようにしましょう。

上司や先輩の意見に反論する

○ おっしゃることはごもっともですが………。

✕ それは違うと思います。

頭ごなしの否定は、相手の気分を害することに。まずは相手の意見を立てた上で、「このような見方もできると思うのですが、いかがでしょうか」と、自分の見解を述べます。

話の方向が変わったことを指摘

○ ここで一度、ご意見を確認したいのですが……。

✕ 先ほどと言っていることが違いませんか？

議論が進むうちに論点がずれたり、矛盾が出てきたりすることがあります。だからといって相手の揚げ足をとるような発言は控えるべき。上のように述べて、内容の整理を。

要点や意図を確認する

○ つまり～ということでしょうか？

✕ 言いたいことは何ですか？

会議を行う上で、認識を共有することはとても重要です。相手が主張していることを正しく把握しているかを確認するときは、このような表現を使います。

自分の発言を否定されたとき

○ ご賛同いただけない点を、お聞かせいただけますか。

✕ どこが問題なんですか？

どんな意見にも反対意見は存在します。自分の意見が否定されたからと、感情的になるのは、社会人として失格。ひと呼吸おいて、冷静に耳を傾けることが大切です。

もう少し詳しく話を聞きたい

○ この件について、もう少し詳しくお聞かせいただけますか。

✕ もう少し詳しく教えていただけないと、わかりません。

相手の説明不足を責めるような言い方は避けましょう。どの部分を詳しく聞きたいのか、ポイントを明確にしてお願いすることで、より的確な情報を引き出すことができます。

社外編

01

【電話連絡のポイント】

話したほうが早いときは電話で連絡する

POINT

- □ビジネスの連絡手段は電話、メール、チャットの3種
- □口頭で決めたことはメールやチャットで再確認する

電話で決定したことはあとからメールで確認する

ビジネスシーンで連絡を入れるときは、電話、メール、チャットの中から選択します。

電話を選択するのは緊急な用件の場合です。**「直接議論して決めてしまったほうが明らかに結論を早く導ける」と判断できる場合**も、電話を選択します。

この場合、口頭で約束したことは直後にメールでメッセージを送付し、内容を確認することが大切。お互いの勘違いを未然に防げます。

一方、**急ぎではない用件、単純な事実の確認などはメールを利用します**。また、取引先のメンバーと共同でプロジェクトを進めている場合は、チャットで共有します。

メールやチャットで十分と思える用件を電話で伝えると、「この人はメールを書くのが面倒だから電話をした」と受け取られてしまうので、注意が必要です。

用件がまとまらない状態で連絡しない

事前に確認しておくべきこと

- ☑ 会社名、所属部署、担当者
- ☑ 伝えたい用件のポイント
- ☑ アポイントをとるべきこと
- ☑ 期日やスケジュール

用件がまとまっていない状態で電話をすると、要領を得ない話になってしまい、ムダに時間を費やすことに。連絡を入れる前に用件を確認し、必要なときはメモを書いて整理します。

緊急時以外はスマホに連絡を入れない

会社に電話をかけても不在のとき、すぐに携帯に電話をするのは控えましょう。緊急時以外は、折り返しを頼むようにします。出先にいる相手をつかまえたいのは「自分の用件を早く処理したい」という気持ちが働くから。相手に身勝手だと思われます。

ここが気くばりのコツ!

留守電にメッセージを残すときの心得

相手の電話が留守電になっているときは、とっさに言葉が出ず、まとまりのないメッセージを残してしまうことがあります。あらかじめ、右の手順を頭に入れておきましょう。

メッセージを録音する順序

1. 自分の会社と名前
2. だれに対するメッセージか
3. 用件（手短にまとめる）
4. 折り返しが必要かどうか

社外編

02

【他社を訪問するときの心得】

「緊張している」のではなく「集中している」と考える

POINT

- □緊張は相手に伝わってしまう！特別なことではないと考える
- □基本的な礼儀をわきまえつつ快活な態度でにこやかに！

場の空気を悪くしないようにはつらつとした態度でのぞむ

はじめておつきあいする会社を訪問するときは緊張がともないます。それはベテランでも新人でも同じです。ベテランの場合は経験があるので、緊張していてもそれを相手に悟られないようにふるまえます。しかし、新人の場合は経験がないため、**「過度な緊張」が相手に伝わり、場の空気を悪くしてしまうことがあります。**

自分で「緊張」を自覚したときは、「緊張しているのではなく集中している」と考えましょう。初対面の相手は、あいさつ、態度、ふるまい、服装、言葉づかいなどを手がかりに、こちらが「どういう人か」を判断しています。あれもこれも……と考えるとたいへんなことのように思えますが、特別なことを求められているわけではないので、ふだん通りに行動すれば問題はありません。**礼儀を忘れずにはつらつとした態度をとることを意識しましょう。**

相手が観察するポイントを事前に整える

相手が観察するポイント

1. あいさつの態度、マナー
2. 服装、持ち物、靴
3. 発声、言葉づかい、話し方
4. 視線、姿勢

訪問先の相手は、ビジネスパートナーとしてふさわしいかどうかを判断する材料を探しています。観察するポイントは上の4つ。訪問前に自分でチェックしましょう。

第一印象は会った直後の1分間で決まる

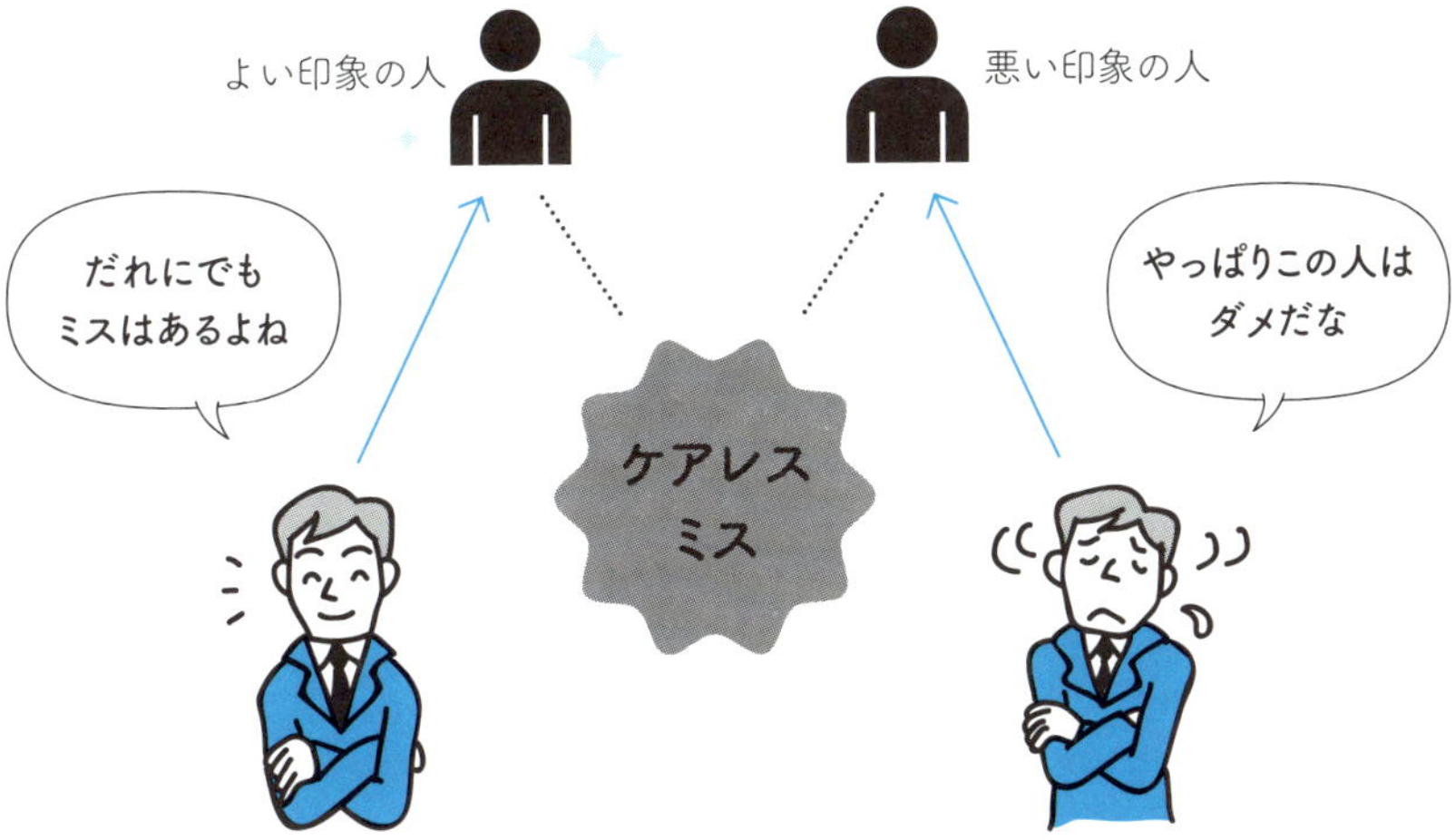

初対面の人にあいさつをして名刺を交換するまでの時間は約1分。この間に第一印象はほぼ決まってしまうと言われています。 このとき相手が感じた印象は「先入観」となり、のちのちまで影響を与えます。

社外編

03

【営業で納得してもらう手順】

価格を下げるよりも価値を上乗せするほうがよい

POINT

- □「安さ」をアピールしても選ばれるのはそのときだけ
- □価値を認めてもらえれば納得して決済してもらえる

長いおつきあいにするなら価値を認めてもらうしかない

営業の目的は自社の商品やサービスを相手に購入してもらうこと。営業を受ける人は、その**商品やサービスが対価（お金）に見合うか**どうかを判断しています。

契約を成立させるアプローチは2つあります。ひとつは同等の商品（サービス）よりもコストがかからないことを強調する方法。もうひとつは、コストは同じようにかかるとしても、他社よりも商品（サービス）に価値があることを説明する方法です。

前者の場合、相手はつねに「安いほう」を選択するので価格競争になり、長いおつきあいは望めません。一方、後者は、**相手がその価値を認めてくれるかぎり、長いおつきあいに発展**します。営業の仕事を任されたときは、自社の商品（サービス）の価値を理解してもらえるように努力しましょう。

「相手が求める価値」に合わせてアピールする

例 相手が求める価値

- 快適で安全な環境が手に入る
- ビジネスの効率がアップする
- 長期的にはコスト削減につながる
- 社員のモチベーションが上がる

なるほど
それなら
高くないよね
商品サービス
＋
付加価値

相手（取引先）が求めている価値に合わせます。「求めている価値は何か？」「どんなことが付加価値になるか」などを考えます。

メリットで説得か デメリットで納得かを判断する

こんなときに有効！

メリットで説得の状況

- 相手が乗り気なとき
- 時間が限られているとき

デメリットで納得の状況

- 相手が迷っているとき
- 時間に余裕があるとき

このソフトで
99％のウィルスを
ブロックできます
なるほど
それはいいね
業界ナンバー1
の信頼性です

ほかのソフトよりも
価格は割高に
なります
価格は高めですが
信頼性は
ナンバー1です

決断をうながすセールストークには、メリットだけで説得する方法と、あえてデメリットも明かして誠実さをアピールしながら納得してもらう方法があります。状況に合わせて使い分けましょう。

社外編

04

【交渉を有利にするアプローチ】

テクニックを使いながら誠意と熱意でプッシュする

POINT

- □ 最終的にゆずれない条件を事前に確認しておこう
- □ テクニックは知っておくがテクニックだけに頼らないこと

「ゆずること」「ゆずれないこと」を綱引きするのが交渉

ビジネスの現場で交渉をするときは、相手の話をよく聞き、求められていることを正確に理解することが大切です。相手にとって「もっとも大切なこととは何か」を考えつつ、こちらの条件を提示しましょう。

お互いに交渉の場につくということは、条件さえ合えば契約は成立するということ。**お互いに「ゆずれるもの」と「ゆずれないもの」があるはず**なので、交渉をする前に整理しておくことが大切です。

ここでは3種類の交渉テクニックを紹介しますが、テクニックはあくまでテクニック。よりよい条件を引き出す手助けにはなりますが、必ず合意できるとはかぎりません。テクニックに頼りすぎるのは危険。**最終的に相手の「イエス」を引き出すのは誠意と熱意であること**を忘れないようにしましょう。

3つの交渉テクニックの展開を理解しておこう

どれが有効かは相手の性格、交渉の内容によって変化します。「必ずこれが効く」という鉄則はないので、知識として頭に入れておきましょう。

テクニック 1 フット・イン・ザ・ドア

簡単なことから少しずつ譲歩を引き出す

まず簡単にOKしてもらえることを先に決め、そのあと、本題を打ち明けて交渉します。一度、申し出を受け入れてしまうと、次も「期待を裏切りたくない」という気持ちになるのが人の心理。いきなり本題を切り出すより、OKをもらえる確率が高まります。

テクニック 2 ドア・イン・ザ・フェイス

難題を持ちかけたあとに少し譲歩する

はじめに、とても受け入れてもらえないような難題を持ちかけ、相手に断ってもらいます。そのあと、受け入れてもらいやすい本題を提示するという手法です。相手ははじめに断ったことを「負い目」として感じているため、受け入れてもらいやすくなるというわけです。

テクニック 3 ローボール・テクニック

魅力的な条件を出してから譲歩してもらう

はじめに魅力的な条件を出して相手のOKをもらい、そのあと少し価値を下げて了承してもらうというテクニックです。一度、OKを出すと、相手に「今さらNGは出せない」という義務感が生まれます。この心理を利用する少しずるい技。「一度しか使えない技」です。

社外編

05

【プレゼンテーションの基本ルール】

相手のメリットをわかりやすく伝えればOK

POINT

- □ プレゼンを聞いている人は「メリット」に注目している
- □ プレゼンに有効な話の組み立てを覚える

テクニックだけに頼らずチーム全員で乗り切る

プレゼンテーション（以下プレゼン）は、ひとりでたくさんの人に話をする場です。聞いている人たちは、まず「この人はどんな人か」「どんな話し方をするのか」という点を観察しています。話の内容に関しては「**自分（自社）にどのようなメリットがあるか**」を判断していると考えましょう。

プレゼンの手法では「SDS法」「PREP法」などが有名ですが、これは相手にわかりやすく伝えるためのテクニックです。交渉（96ページ）と同じようにテクニックに頼りすぎないようにすることが大切です。

落ち着いた態度、聞きやすい話し方、そして相手にメリットのある内容をともなわなければ、プレゼンは成功しません。**チームメンバーの協力も不可欠です。**きちんとリハーサルをして、チーム全員で乗り切りましょう。

プレゼンの代表的な手法、SDS法とPREP法とは？

SDS法の流れ

1 要約（Summary）
2 詳細（Details）
3 要約（Summary）

はじめに全体の内容を要約し述べ、次にディテールを含めて内容を詳しく紹介します。最後にもう一度、全体を要約して伝えて念押しをします。

PREP法の流れ

1 要点（Point）
2 理由（Reason）
3 具体例（Example）
4 要点（Point）

要点でひきつけてから、その理由を述べて説明します。そのあと、具体例をあげながらメリットをアピールします。最後にもう一度、要点をくり返して終えます。

プレゼンは自分の存在を認めてもらうチャンスの場。緊張せずにわかりやすく伝えることを目標にします。プレゼンの典型的な話の組み立て方を2つ、覚えておきましょう。

チームメンバーの役割を確認しておこう

チームメンバーの役割

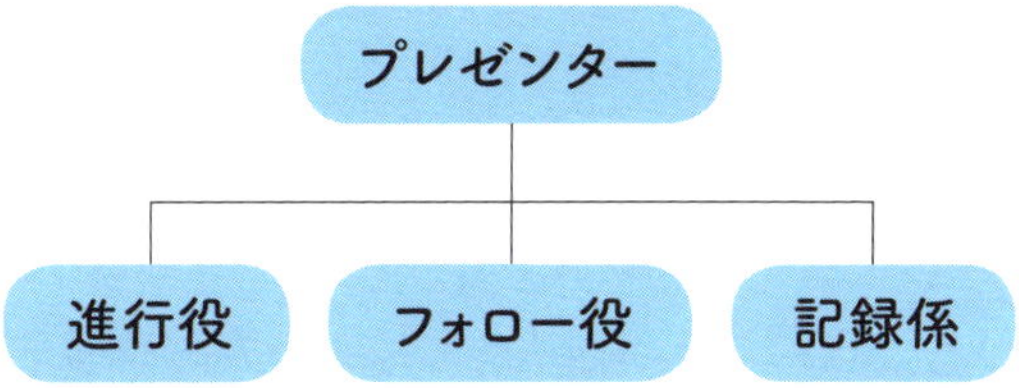

役割を分担し、チーム全員で乗り切るという気構えが必要です。息の合ったチームワークをアピールすれば、プレゼンを受ける相手も「信頼できるビジネスパートナー」として評価してくれます。

気くばりがうまい人の ものの言い方 28フレーズ 社外編

ビジネスシーンにおいて、初対面の人とかわすあいさつは、とても大切。第一印象がよければ、その後の成果が出やすくなります。

初対面の相手とのあいさつ

○ 本日はお忙しい中、お時間をいただき、ありがとうございます。

✕ 本日はどうも、ありがとうございます。

部屋で待つ際は、相手の足音が聞こえたら起立し、入室されたら相手のほうを向いてあいさつをします。すぐに名刺を出せるよう、事前に準備をしておきましょう。

名刺を差し出すときの声がけ

○ はじめまして、A社の○○と申します。

✕ どうも、○○です。

相手の目を一度見てから、上のように言います。「××プロジェクトの広報を担当させていただきます」と自分の役割をつけ加えると、より丁寧な表現に。

名刺が切れたときの謝罪

○ 名刺を切らしてしまいました。申し訳ございません。

✕ すみません、名刺が足りなくて……。

名刺を忘れてしまった場合も同様に、「名刺を切らしておりまして」と詫びます。名刺を持ってすぐ再訪できないときは、手紙に名刺を同封し、郵送しましょう。

同席した人物を紹介する場合

○ こちらは、当社の部長、○○です。

× うちの○○さんです。

自分の上司であっても、社外の人に紹介するときは「さん」をつけません。自社の人間を先に紹介し、次に「こちら、お世話になっております○○様です」と相手を上司に紹介します。

名刺の名前の読み方を確認するとき

○ どのようにお読みすればよろしいですか？

× なんて読むんですか？

「恐れ入りますが、なんとお読みするのでしょう？」という表現でもOKです。「めずらしいお名前ですね」とは言わず、「素敵なお名前ですね」と続けます。

手土産を渡すときの言葉

○ 心ばかりですが、みなさまで召し上がってください。

× みなさんで食べてください。

旧来の言葉として、「つまらないものですが」という表現があります。謙虚さからの表現ですが、最近では「ささやかなものですが」などと言い換えることが増えているようです。

約束の時間に遅れることを伝える

○ 申し訳ありません。○○の都合で×分ほど遅れそうです。

× すみません、ちょっと遅れます。

約束の時間になってから連絡するのではなく、可能性が出た時点で早めに伝えるようにしましょう。大幅に遅れそうなら、「よろしいでしょうか？」と相手の都合を確認します。

打ち合わせのお礼を述べる

○ 本日はお忙しい中、お時間をいただきありがとうございました。

× いろいろと、ありがとうございました。

打ち合わせが有意義だったことを伝えるときは、「本日は貴重なお話をお聞かせいただき、ありがとうございました。たいへん勉強になりました」といった表現も効果的です。

お茶などを勧められたとき

◯ ありがとうございます。頂戴します。

✕ ごちそうさまです。

「お茶とコーヒーのどちらがよいか」などと聞かれた場合は、「恐れ入ります。では○○をいただけますでしょうか」と答えましょう。飲み物を出してくれた人へのお礼も忘れずに。

頼みごとを切り出す

◯ 本日は、○○の件でお願いに上がりました。

✕ じつはお願いがありまして……。

相手に頼みごとを切り出す際は、まず相手の顔を見て、ひと呼吸置いてから、ゆっくりと話し始めます。そうすることで、相手も意識を集中し、聞く姿勢をとることができます。

取引先からの相談を受ける

◯ ぜひお話を聞かせていただけますか？

✕ どのようなご相談ですか？

相手から相談を受ける場合でも、「ご相談」という直接的な言葉は、謙虚な印象に欠けます。「お話を聞かせていただく」と表現したほうが、より丁寧で誠意が感じられます。

相手の提案を承諾する

◯ まったく問題ございません。

✕ ぜんぜん、大丈夫です。

「こちらで問題ございません」もOKです。「ぜんぜん大丈夫」という表現の「ぜんぜん」は打ち消しの言葉の前に使うもの。ビジネスの場では使わないようにしましょう。

検討をお願いする

◯ ぜひともご検討いただけませんでしょうか。

✕ なんとか、考えてみてください。

ひととおり話や説明をしたあとに、改めて「何卒ご検討くださいますよう、よろしくお願いいたします」とつけ加えることで、より強いメッセージになります。

すぐ返答できない質問をされたとき

○ 勉強不足で申し訳ありません。

× ちょっとわかりませんね。

無理にごまかしたり、憶測であいまいな返答をしたりすると、思わぬトラブルにつながります。自分の知識不足を正直にお詫びし、調べた結果を、後日改めて返答します。

断られた案件を再度お願いする

○ ぜひ、再考をお願いできませんでしょうか。

× なんとかもう一度、考えていただけませんか?

一方的に再考をお願いするのではなく、「弊社としましても、最大限の努力はするつもりです」「万全の態勢でのぞみますので」など、誠意と譲歩の姿勢を伝えましょう。

打ち合わせ中に自分の携帯電話が鳴った

○ 失礼します。(着信画面を見る → 席をはずす)

× ちょっとすみません …… はい、○○です。(携帯電話に出る)

打ち合わせ中はマナーモードが基本です。どうしても電話に出なければならない場合は、「失礼します」と言って画面を確認。対応する場合は席をはずします。

取引先に急なお願いをする

○ 急なお願いで誠に申し訳ありませんが……。

× 急ですが、なんとかお願いします。

相手に負担がかかるお願いをしているので、まずはお詫びの気持ちを伝えましょう。用件を伝える際も、「〜していただけませんでしょうか」と丁重な表現を使います。

要望を受けてもらったときのお礼

○ ご快諾いただき、心より感謝いたします。

× 本当にありがとうございます!

ほかには「無理なお願いをお聞きいただき、誠にありがとうございます」などの表現も。無理なお願いを相手が受け入れてくれたことへの感謝の気持ちを伝えます。

取引先にミスを詫びる

○ このたびは、ご迷惑をおかけして、誠に申し訳ございません。

× ミスしてすみません。反省しています。

「ミス」という単語は、お詫びの言葉として使うにはやや軽い印象を受けるので、「ご迷惑をおかけして」と表現します。対面のときは丁寧におじぎをして伝えます。

自社のミスをお詫びする

○ 弊社の不手際で、ご迷惑をおかけして申し訳ございません。

× うちの〇〇がご迷惑をおかけしました。

たとえ直接の担当ではなくても、会社の一員としてお詫びをすることが大切です。その際、他人事のように言うのはNG。「弊社」や「私ども」といった表現を使います。

反省の気持ちを伝える

○ 今後はこのようなことがないよう、十分気をつけます。

× 本当にすみません。

「申し訳ございません」だけをくり返しても、相手にうわべだけの謝罪と受け止められてしまいます。どう対処していくかを伝えることで、反省している気持ちを表します。

要求をやんわり断る

○ お引き受けしたいのは、やまやまなのですが……。

× 頑張ってはみますが、かなり難しいでしょうね。

要望に対して、最大限に努力していることを伝えた上で、「〇〇でしたら、お引き受けできると存じます」と譲歩すると、相手の心証も大きく変わります。

予算が合わずに断る

○ こちらの金額ですと、少々難しいかと………。

× その予算では厳しいですね。

「厳しいですね」は不遜な感じがします。「少々難しいかと……」と語尾をあいまいにして、反応を待ちます。予算が合わなければ、「今回は残念ですが〜」と断ります。

その場で判断できない場合

○ 一度持ち帰り、社内で検討してもよろしいでしょうか。

× うーん、ちょっと考えさせてください。

その場で返答できない旨を伝えたあとに、「○日ほどお時間いただけますでしょうか」「明日、改めてご連絡させていただきます」と期限を告げると、相手も安心します。

相手の要求を正式に断るとき

○ 誠に残念ですが、今回は辞退させていただきます。

× やはり難しいと思います。

断りのフレーズの最後に、「ご理解いただけますと幸いです」「これにこりず、お声がけください」「次回はぜひ」といったフォローの言葉をつけ加えるようにしましょう。

納期を交渉する

○ ×日まででしたらお受けできるのですが、いかがでしょうか。

× それは、間に合いませんね。

「間に合いません」という言い方では角が立ってしまうので、「×日まででしたら～」と表現をやわらげて伝えます。対応可能な期日を提案して、誠意を見せましょう。

質問をうながすとき

○ ご不明な点などはございませんか？

× 何か質問はありますか？

打ち合わせの最中に質問を受けるときは、「ここまでで、何かご質問はございますか？」と確認し、「なければ、次の説明に入らせていただきます」と続けます。

相手に意見を求めるとき

○ ご意見をお聞かせいただけますか？

× 何かご意見はありますか？

ほかに「ご意見を拝聴できればと思います」「率直なご意見をいただければと思います」という表現もあります。参加者が発言しやすいように、笑顔で尋ねましょう。

常識問題にトライ!

敬語の力だめしクイズ

Q1

取引先の目上の人に対してメールを書きました。
以下の表現の中で、
適切な文例を選んでください。

ア 明日13時にお越しいただければと思います。

イ その件について、お含みおきください。

ウ 明後日の14時に御社にお伺いします。

Q2

相手への敬意がだぶってしまう
二重敬語の問題です。
次のうち、二重敬語ではない
正しい表現を選んでください。

ア お越しになられる。

イ ご出席になる。

ウ ご利用になる。

エ おっしゃられる。

オ ご覧になられますか。

カ ご注文を承ります。

キ ご拝読しました。

ク お見えになられました。

---

①の答え:イ……アの「〜れば」は条件を示す言い回しなのでNG。ウの「御社」は、書き言葉では「貴社」が正解。イの「お含みおきください」は、「承知してください」の敬語表現なので適切。
②の答え:イウカ……この3つ以外は二重敬語です。アエオクは、丁寧語の「お」「ご」と尊敬語の「られる」が重複。キは、丁寧語の「ご」と謙譲語の「拝読」が重なっています。

第4章

今さら聞けない！
大人のマナー

プライベートでもフォーマルでも、正しいマナーを選択できる人は
大人のふるまいを身につけている人として尊敬されます。
どのようにふるまえばよいか、どんな言葉をかけるべきかを
マナーとして理解しておけば、人を不快にさせることもありません。
相手を思いやる気持ちさえあれば、
マナーを守ることは決して難しいことではありません。

【ホームパーティを開くコツ】

家に招くゲストが快適に過ごせるように、掃除はしっかり！

ホームパーティは事前の準備が大切です。まずは玄関、廊下、リビング、トイレなど、パーティ中にゲストが利用する場所を念入りに掃除します。荷物置き場をつくったり、部屋の中を飾ったりするなど、ゲストが快適に過ごせる環境を整えましょう。

手料理でおもてなしする場合も、準備が大切。台所にこもらないようにするため、作り置きできるものを用意します。

台所に立つ時間を短縮するような工夫を！

おもてなしごはんの例

オードブル

- パテ
- テリーヌ
- ムース

など

メイン

- ローストビーフ
- スペアリブ

など

おいしい料理で相手をもてなそうとして、台所にこもってしまうのは考えもの。つくり置きできる料理を仕込んで、台所にいる時間を短縮しましょう。

ふだんの生活スペースに華やかさをプラス

高いお金をかけて飾りつける必要はありませんが、生花を置いたりお気に入りのグラスを並べたりして、華やかさを演出します。参加者が気がねをしない程度に。

【乗り物の気くばりポジション】

急ぎでなければ、行動の時間帯を変える配慮をする

混雑した乗り物を利用するときは、人と人との距離が近づいてしまいます。密接を避けるために、ソーシャルディスタンスをキープできるように気をくばりましょう。

急ぎの用件でなければ、電車やバスが混雑している時間帯をさけて行動します。また、車内がすいている場合は、混雑してくることを予測して座席を選択します。これも大人ならではの配慮です。

新幹線や飛行機は進行方向の窓際が上座

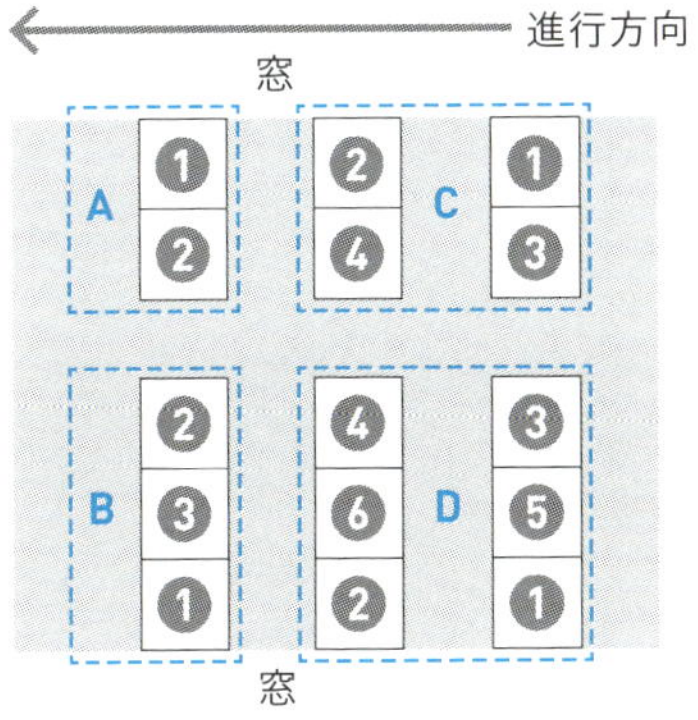

A、B、C、Dのエリアでは、番号順に上座となる。

新幹線や飛行機を使って目上の人と移動するときは、座席の上座、下座を意識して座席を選びます。基本的に「進行方向の窓側の席が上座」と覚えましょう。

電車内で適切なスペースを確保する

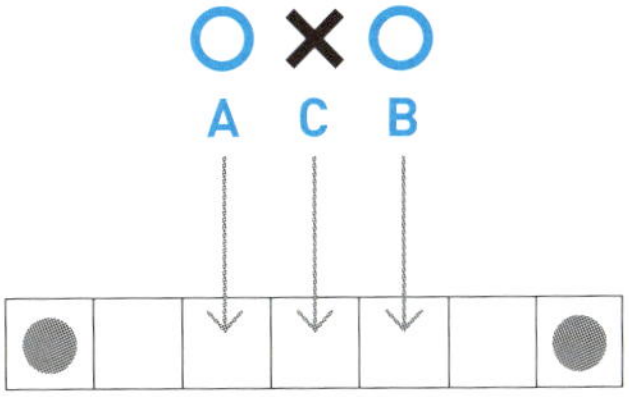

たとえば、座席が5つ空いている場合、中央のCには座らない。AまたはBに座ったほうが、「1つアキ」をキープしやすくなる。

すいている電車なら、「1つアキの配置」を予測して座席を選びます。座席が2つアキの状態になると、あとから乗ってきた人が1つアキの状態で座れなくなります。

【ホテルに泊まるときの心がけ】

ホテルの滞在を充実した時間にするため、きちんとリクエストを！

ホテルに滞在中は、「快適な環境を借りる」という意識を持ちましょう。そのため、自分のリクエストをはっきり伝えることが大切です。相手に要望を伝えることが苦手な日本人は、不都合があってもガマンしてしまい、のちに周囲の人に悪口を言うという対応になりがちです。お願いするべきことはお願いすると考え、クレームにならないよう冷静な態度で、丁重にお願いしましょう。

コンシェルジュに頼って旅を満喫する

コンシェルジュに頼めること

- ☑ 観光ルートの提案
- ☑ レストランの予約
- ☑ 飛行機・電車の予約
- ☑ おみやげの手配
- ☑ 英語の文書の翻訳
- ☑ パートナーへのサプライズの手助け

グレードの高いホテルには、コンシェルジュが常駐しており、頼みごとに対応してくれます。積極的に利用して、滞在を豊かな時間にしましょう。

リクエストを伝えることとクレームは別！

空調がきかないんだけど、どうなっているんだ!?

空調や水回りの調子が悪い、騒音が気になるなど、リクエストは冷静に伝えましょう。ホテル側も、その場で指摘してもらうことを望んでいます。

【レストランのテーブルマナー】

わからないことは、お店の人に聞くほうがスマートに見える

格式の高いレストランと聞くと、思わずしりごみしてしまいます。テーブルマナーと聞くと、ずらりと並んだカトラリー（ナイフやフォーク）を想像します。それだけで身がまえてしまう人もいます。

使い方は意外に簡単です。外側から内側へ。これさえ覚えておけば大丈夫です。どうしてもわからないときは、自己流でごまかさず、お店の人に聞くほうがスマートです。

ナイフとフォークの置き方でサインを出す

中座するとき

まだ
食べます

ハの字に

食べ終わったとき

食べ終えたので
下げてください

フォークはナイフの手前に置く

料理に合わせてカトラリーを選択する

① オードブル用ナイフ&フォーク
② スープスプーン
③ 魚用ナイフ&フォーク
④ 肉用ナイフ&フォーク
⑤ サービス皿
⑥ パン皿・バターナイフ
⑦ デザートスプーン
⑧ コーヒースプーン

フランス料理とイタリア料理カトラリーの使い方はほとんど同じ。料理の順番に従って、左右のナイフとフォークを対にし、外側から使いましょう。

【旅館に泊まるときの心がけ】

大人のふるまいとは？ 旅館ならではのルールや作法を覚えよう

昔ながらの旅館では、ひとつの部屋にひとり、世話をしてくれる仲居さんがつきます。到着した客を部屋まで案内し、宿の設備を説明したり、食事の時間を聞いたりします。仲居さんは10分程度のこの短い時間で、客の態度と行動を観察しているのです。

必要以上に堅苦しく考える必要はありませんが、大人として恥ずかしくない態度で、きちんと対応しましょう。

荷物は床の間から少し離れたところに置く

部屋に着いたら、床の間の位置を確認。上のように、床の間から少し離れた場所に荷物を置きましょう。床の間や座布団の上に置いてはいけません。

うしろ向きになって靴を脱ぐのは失礼

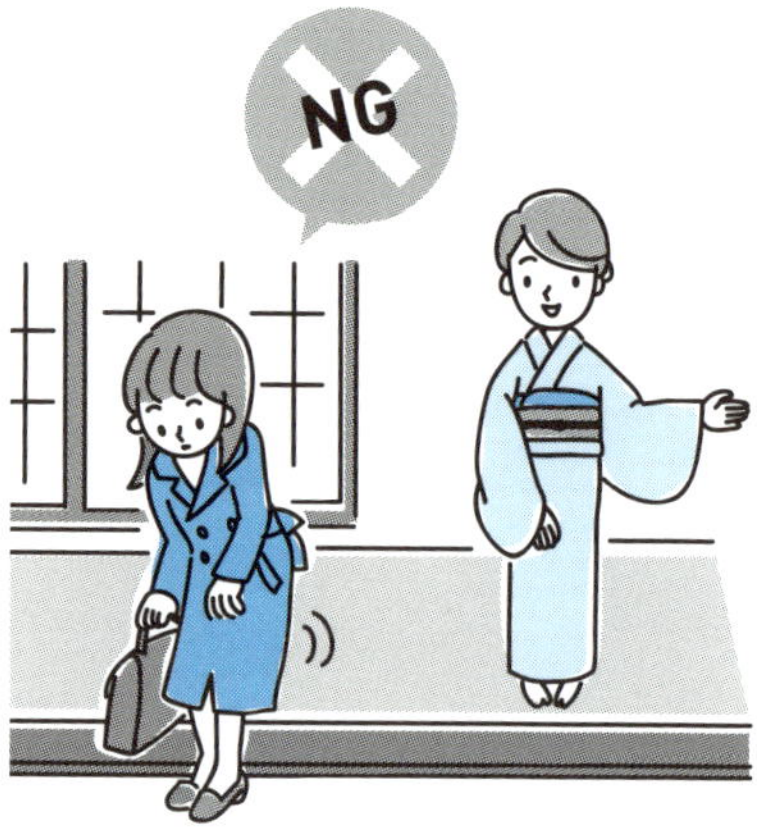

仲居さんが先に部屋に入った状態で、靴を脱ぐときにおしりを向けるのはＮＧ。前を向いたまま靴を脱ぎ、半身の姿勢で揃えるようにします。

【和食の基本マナー：箸の使い方】

箸の使い方が大切！ これさえ押さえておけば、何とかなる

和食をいただくとき、マナーの基本となるのは箸の使い方です。まずは箸の正しい使い方とやってはいけないこと（NGマナー）をチェックしましょう。箸の扱いがていねいな人のふるまいは、それだけで優雅に見えます。

また、器の扱いも大切です。和食では食事とともに、器を楽しむことも求められます。器と料理の調和に目をくばりながら、大切に扱いましょう。

やってしまいがちな箸のNGマナー

× 渡し箸

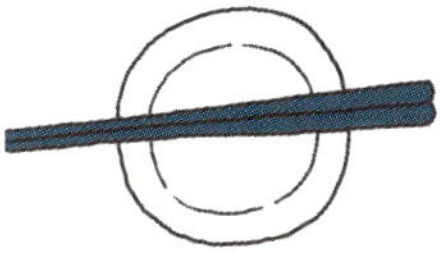

「もう要りません」という意味になるので失礼。箸置き、または箸袋の上に置きます。

× 逆箸

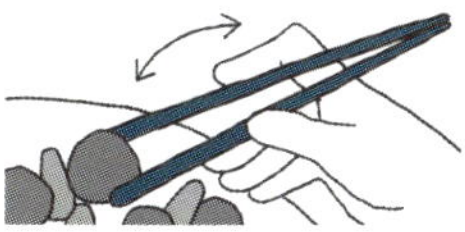

箸を逆さまに持って料理を取り分けること。手が触れたところで食品を扱うので不潔です。

× 揃え箸

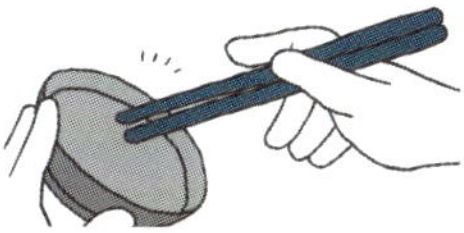

食器やテーブルで箸先を揃える行為。お皿に傷をつけることもあるので、NGです。

美しい箸の持ち上げ方と動かし方

【正しい持ち上げ方】

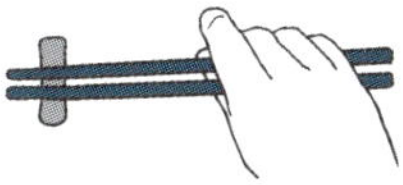

親指、人差し指、中指で、箸の中央から少し右側をつまみます。

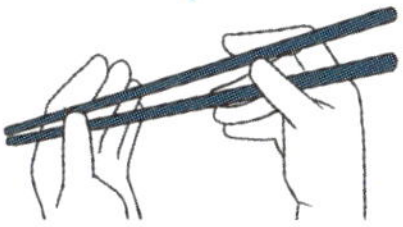

拳ひとつぶんくらい持ち上げたら、左手を下から添えます。

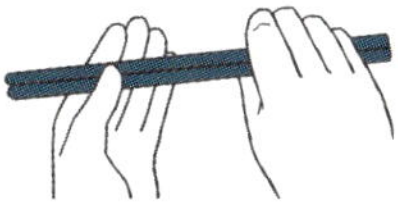

左手で支えながら、右手を下に移し、最後に左手をはずします。

【正しい動かし方】

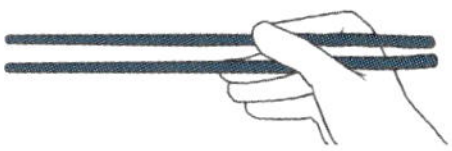

中指、人差し指で上の箸を持ち、上の箸だけを動かします。中指の先が箸の中心にくるように。

【立食パーティのふるまいと態度】

立食ならではのマナーを覚えて、料理と会話を楽しもう

立食パーティの会場に着いたら、大きな荷物をクロークに預け、はじめに主催者や招待者へのあいさつをすませます。立食には、お皿やグラスの持ち方、料理の取り方などに独特のマナーがあるので、チェックしておきましょう。

飲食のマナーを守りつつ、見知らぬ人と積極的に話をします。飲食4割、会話6割の割合で楽しみながら、新しい人間関係を積極的に築いてください。

飲食と会話は「4対6」が理想

会話を楽しむためのポイント

POINT

- ☑ 初対面の人にも積極的にアプローチ
- ☑ 椅子に座って話さない
- ☑ 話題に困ったら「料理」の話を
- ☑ ウワサ話や品のない冗談はNG

立食パーティは、いろいろな人との縁をつくるよい機会です。「飲食4割、会話6割」の割合で楽しむようにしましょう。

料理の基本的な取り方・盛りつけ方

片手で取る場合

フォークの背と、スプーンの間に人差し指を入れ、その間に料理をはさみます。

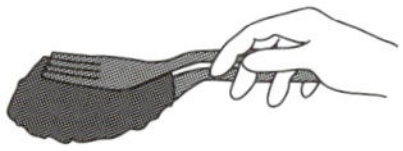

両手で取る場合

料理をスプーンに乗せ、フォークでしっかり押さえて、皿に運びます。

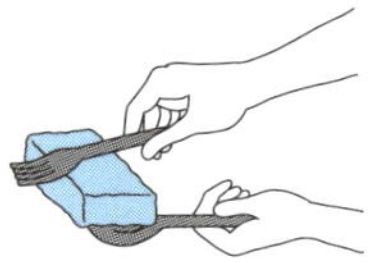

料理が置かれた台に何度取りにいってもかまいません。お皿には 2、3品を目安に、食べきれる量を取ります。料理を取り分けたら、すみやかに台から離れます。

【お酒の席のマナーとルール】

目上の人が同席するときは、忘れずに気くばりを！

友人とお酒を飲むときは、堅苦しく考えずにリラックスして楽しみましょう。一方、目上の人や上司がいる場合は話が別。たとえ「無礼講」と言われても、最低限のマナーを守るのが常識です。

　また、お酒の席で品格を保つために、美しく見えるグラスの持ち方も覚えておきましょう。お酒の席できちんとしたふるまいができれば、信頼感が高まります。

美しく見えるグラスの持ち方

タンブラー

小指以外の指で、下部をつまむように持ち、下側を小指で支えます。

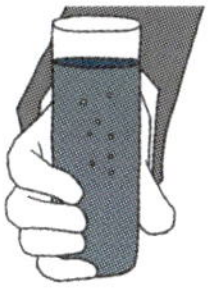

ワイングラス

日本では、脚の部分（ステム）を、海外では液体の入った部分（ボウル）を持つほうがよいとされています。

乾杯のマナーは状況により異なる

格式の高いパーティ

グラスを上に掲げて乾杯のしぐさをします。

目上の人がいる飲み会

両手でグラスを持ち、グラスの高さを相手より低くして乾杯します。

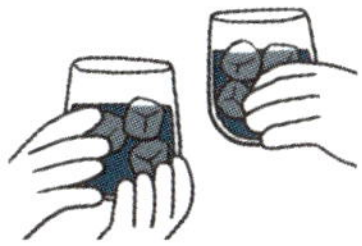

仲間との飲み会

片手でもOK。あまり強く当てないように注意しましょう。

【歓送迎会の幹事の役割】

準備をしっかり行い、当日は一緒に宴会を楽しむ余裕を持つ

幹事は事前の準備から当日の支払いまで、注意すべきポイントがたくさんあります。忙しいからとバタバタ対応すれば、出席者は会を楽しめません。前日までに準備をしっかりすませておくことが大切。下の項目を参考に、やり残したことはないかをチェックしましょう。

また、当日は、幹事である自分も一緒に楽しめるようにすることが、歓送迎会を盛り上げるコツです。

前日までに準備しておくことは?

前日までに準備すること

☑ **席次を考える**

事前に決めると当日の段取りが楽になります。

☑ **会費を集金する**

集金する場合は、宴席の前にすませておくこと。

☑ **参加者へ連絡する**

時間・場所は前日に改めて伝えます。

幹事に選ばれたら、まずは上の事項を確認します。お店選び、料理、飲み物、会費などを上司と相談しながら進めます。

みんなが楽しむための幹事のふるまい

気くばりをすべきポイント

- ☑ 箸や取り皿が足りているか
- ☑ 料理が全員に行き届いているか
- ☑ 気分が悪くなっている人はいないか
- ☑ 残り時間はどのくらいか

POINT

お酒の席で求められるのは、参加者が楽しくなる笑顔と、自然な気くばり。つねに先回りして行動するのが幹事の役目です。

【家を訪問するときの心得❶】

玄関先では背中を向けずに体の向きを変える

知人のご自宅を訪問するときは手土産を用意します。手土産は訪問先の近所ではなく、地元で購入するのが基本です。

また、当日、早く着いても、約束の時間より前にチャイムを鳴らすことは控えます。おもてなしをする側は、約束の時間に合わせて準備をしているので、2〜3分遅れるくらいがいいと考えましょう。そのあと、玄関先であいさつをすませ、相手の声がけを待って靴を脱ぎます。

座布団を利用するときのルール

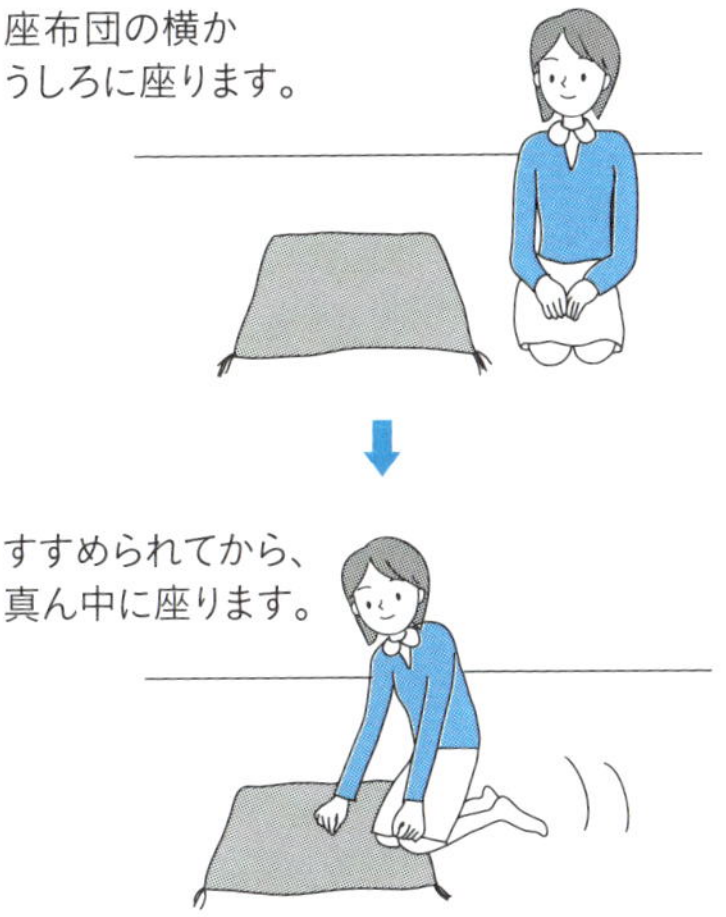
座布団の横かうしろに座ります。
すすめられてから、真ん中に座ります。

和室に通された場合、必ず相手にすすめられてから座布団に座るようにします。座布団の上に立ったり、足を使って移動させたりしないようにしましょう。

玄関先で靴を脱ぐまでの流れ

どうぞお上がりください
相手に背中を向けない！
POINT

靴を脱ぐとき、うしろ向きに上がるのはNG。なるべく相手に背中を見せないよう体の向きを変え、靴のつま先を外側に向け、端に揃えます。

【家を訪問するときの心得❷】

訪問先に滞在する時間は長くても2時間

部屋に案内され、あいさつをすませたら手土産を渡します。出されたお茶は熱いうちにいただくのが礼儀です。お茶かコーヒーかを尋ねられたら、素直によいほうを選びます。お菓子はお茶をひと口いただいてから手をつけます。

滞在する時間は1時間、長くても2時間以内が目安。「まだ、いいじゃないですか」と引き留められても、ていねいに断り、お礼を述べて引き上げます。

おもてなしに応える食べ方・飲み方

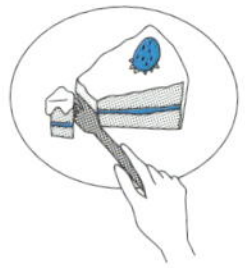

ショートケーキ

先のとがったほうから食べると倒れにくくなります。

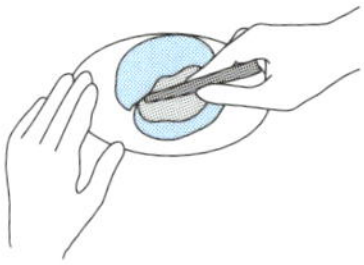

和菓子

生菓子は楊枝でひと口大に切り、干菓子はそのまま口に運びます。

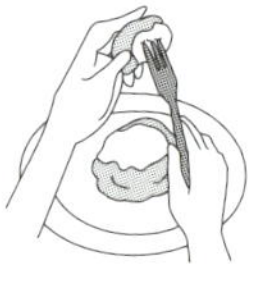

シュークリーム

フタの皮はクリームをつけながら、下はひと口大に切って食べます。

お菓子はお茶をひと口いただいてから、口に運びます。甘いものが苦手なら、断ってもマナー違反にはなりません。

あいさつのあとの手土産の差し出し方

手土産を渡すときは、包みをいったん自分のほうへ向け、包装紙やひもの乱れを直してから180度回転させ、両手を添えて差し出します。

【結婚式・披露宴の基本ルール❶】

受付から会場へ！ 席を探すときは壁沿いに移動する

慶事の服装には正礼装、準礼装、略礼装の格式がありますが、一般的な結婚式や披露宴に参列する場合は、下のような略礼装で大丈夫です。

また、招待状に「平服でお越しください」とあっても、普段着はNG。女性はスーツやワンピース、男性はダークスーツを着用します。

ご祝儀やお祝いの品は結婚式の前に先方に贈るのが正式な作法。事前に渡せなかった場合のみ、当日、受付で渡します。

披露宴の受付から会場に入るまでのふるまい

開宴30分前までには式場へ

開宴の20～30分前には、会場に着くように。受付は15分前までにすませます。

▼

家族の方へお祝いの言葉を

控室などで親族に会ったら「本日はおめでとうございます」などと簡単なあいさつを。

▼

壁に沿って自席へ

開宴の 20～30 分前には、テーブルに着きます。着席表を見ながら席を探すときは、壁に沿うようにして自席へ進むのがマナーです。

受付では、お祝いの言葉を述べながら名前を名乗ります。ご祝儀を渡すときは「ささやかですがお納めください」とひと言。

結婚式にふさわしい略礼装とは？

男性

スーツはブラックスーツかダークスーツ。シャツは白、ネクタイは白かシルバーグレー。胸元には白い麻かシルクのポケットチーフをさします。靴は黒で、プレーンなデザインのものを。

女性

ドレスは長袖、ロング丈のワンピースかツーピース。花嫁の色である白は避けます。アクセサリーはネックレス、コサージュなど。バッグは小ぶりなもの、靴はプレーンなパンプスを。

【結婚式・披露宴の基本ルール❷】

スピーチは「導入・内容・結び」で3分程度にまとめる

披露宴は乾杯から始まります。料理やお酒に口をつけるのは乾杯のあと。スピーチの最中は本来、食事の手を止めるのがマナーですが、「召し上がりながらどうぞ」と言われた場合はかまいません。ただし、同じテーブルの人があいさつをするときは、食事を中断して話を聞くようにしましょう。

また、お祝いの席では口にしてはいけない「忌み言葉」があるので、注意しましょう。

みんなの心に残るスピーチのコツとは？

【一般的なスピーチの展開】

1 導入	自己紹介と新郎（新婦）との関係を説明し、祝福の言葉を述べます。
2 内容	新郎（新婦）の人柄がわかるエピソードを。誰も知らない話なら、効果的。
3 結び	将来の期待と祝福の言葉、お礼で締めます。

スピーチを頼まれたら、事前に原稿をつくり、声に出して読みながら練習。右の忌み言葉を使っていないかもチェックします。時間は3分程度にまとめます。

会場での会話は忌み言葉を避ける

【注意したい忌み言葉】

離婚を連想させる言葉

浅い／薄い
衰える／折る
終わる／帰る
変わる／消える
切れる／散る
去る／出る

結婚を重ねることを連想させる言葉

返す返す
重ね重ね
重々
たびたび
またまた

忌み言葉は使わないようにしつつ、初対面の人と会話を楽しみましょう。新郎新婦と自分との関係を伝え、会話の糸口にします。

【お通夜・告別式でのふるまい方❶】

普段着のときはお詫びの言葉を添える！ お悔やみの言葉にも注意

本来、お通夜は「急な訃報に駆けつける」という意味で、普段着で参席するものでしたが、最近は喪服を着用する人が増えています。普段着で向かう場合は「このような格好で申し訳ありませんが、お参りさせてください」とお詫びの言葉を添えましょう。

式場では、必ず遺族にお悔やみの言葉をかけます。そのときは、不吉な連想をさせる言葉を使わないよう、十分に注意しましょう。

不幸を連想させる忌み言葉に注意する

【弔事で避けたい忌み言葉】

不幸が重なるイメージの言葉

- たびたび
- いよいよ
- 皆々様
- だんだんと
- かえすがえすも
- くれぐれも

不吉な連想をさせる言葉

- 浮ばれない
- 苦しむ
- 迷う
- 間が悪い
- 気の毒
- ついていない

不幸が重なるイメージの言葉や、不吉な連想をさせるものは、弔事の場で口にしないようにします。

お通夜・告別式における一般的な服装は？

男性

お通夜のスーツは黒が基本ですが、ダークグレーや濃紺もOK。結婚指輪以外のアクセサリーや時計はずし、靴と靴下は黒を。なお、告別式は喪服を着用します。

女性

お通夜は黒のスーツやワンピースで。アクセサリーはパールなどのネックレス、バッグは黒い布製、ストッキングは黒か無地。靴は黒のパンプス。告別式は喪服を。

【お通夜・告別式でのふるまい方❷】

宗教・宗派の違いは あまり気にせず、基本的なマナーを守る

お別れの作法は、宗教・宗派によって異なりますが、親族の作法を参考にして、ふるまえば、問題ありません。もちろん、基本的なマナーは守ること。携帯電話の電源を切る、知人や友人と大声で会話するのを控えるなどは常識です。

また、焼香のあとの通夜ぶるまいは、故人の霊をなぐさめる場なので、席に着き、料理に箸をつけます。また、長居をせずに引き上げるのも礼儀です。

宗教によって異なるお別れの作法

仏式では祭壇に向かって焼香をします。抹香（まっこう）をたく場合と、線香を立てる場合があります。キリスト教式の献花は日本独自の習慣です。花は白の菊やカーネーションと決まっています。神式では、神の霊が宿ると言われる玉串を使います。

キリスト教式／献花

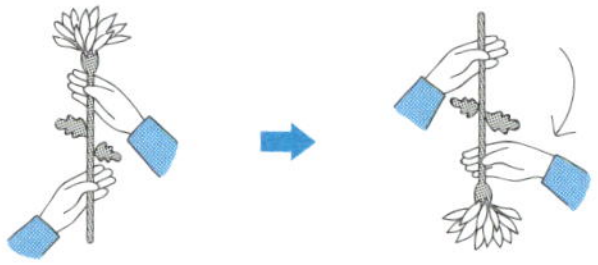

花を右側にして両手で受け、献花台に一礼します。そのあと、花が手前に向くよう回転させて置きます。最後に黙とうして、遺族と司祭や牧師に一礼します。

神式／玉串奉奠（たまぐしほうてん）

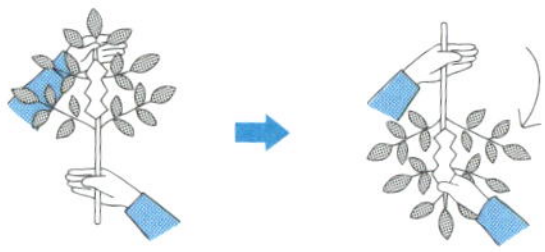

玉串を受け取ったら、時計回りに回転させて台に置きます。そのあと一歩下がって、二礼二拍手一礼を。ただし、拍手のとき、音は立てません。

仏式／焼香

1

順番が来たら立ち上がり、前に出て、遺族と僧侶に一礼を。

2

親指、人差し指、中指で香をつまみ、1～3回、目の高さに上げます。

3

香をくべ、遺影に向かって合掌し、遺影と遺族、僧侶に一礼します。

【お墓参りをするときの礼儀】

仏式のお墓参りは、お掃除のあとに花を供えて合掌

本来、お墓参りはいつ行ってもかまいません。しかし、日本人には故人の命日やお盆、お彼岸にお墓参りをする習慣があります。作法は宗派により違いますが、お墓を掃除する点は共通しています。先祖への感謝の意を込めて、周辺の雑草やゴミを取り除き、墓石を洗いましょう。

掃除が終わったら、清めの水をかけ、花や食べ物を供えます。そのあと線香をあげ、手を合わせて拝みます。

お墓参りの手順を確認しておこう

複数の人がお参りをする場合は、故人と縁の深い順に。花と線香以外のお供えものは、カラスなどに荒らされないよう持ち帰ります。

【一般的なお墓参りの手順】

1

お墓のまわりにある雑草やゴミを取り除き、きれいにします。

2

墓石に水をかけ、スポンジなどで汚れを落とします。

3

お供えものを半紙の上にのせ、お墓に置きます。

4

火をつけたろうそくから、線香に火をつけます。

5

手桶に新しくくんだ水を、ひしゃくで墓石の上からかけます。

6

墓前の前にしゃがみ、両手を合わせて、故人の冥福を祈ります。

祝儀・不祝儀・贈り物のルール

慶事と弔事、そしてお中元、お歳暮、お祝いなど、
日本人の暮らしには昔ながらの決まりごとがあります。
「さすが！」と言われるために、大人の流儀を覚えておきましょう。

【慶事】

結婚を祝福する気持ちを表すためにも、ご祝儀袋の書き方やふくさの使い方を覚えておきましょう。

ご祝儀袋の表書き

祝儀袋は金額に合ったものを用意します。また、水引は「一度結んだらほどけない」という意味を込めて、「結び切り」「あわじ結び」を選びます。

上包

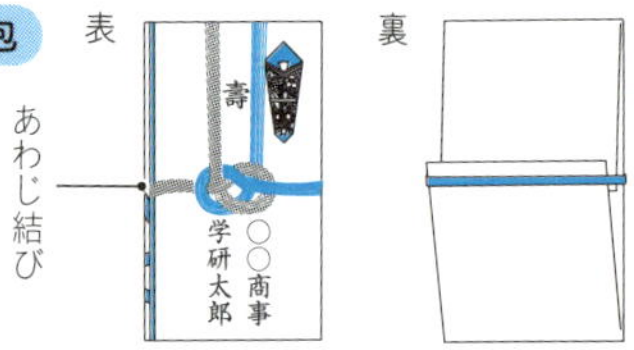

水引の上部に「壽」「寿」などと書きます。自分の名前は小さめに。裏側には何も書かず、袋の下を上にかぶせるようにして折ります。

中包

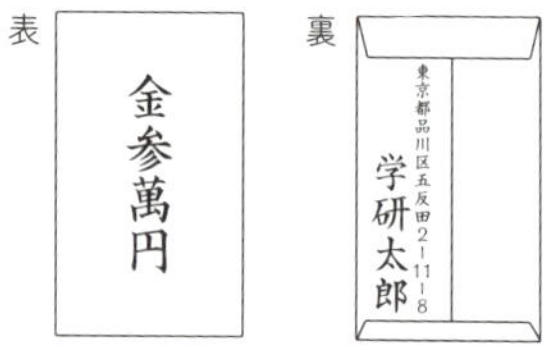

表には金額を書きます。万は「萬」、一は「壱」、二は「弐」などと漢数字を使いましょう。裏に住所と名前を記載します。

ふくさの使い方

1

裏面の中央よりやや左に祝儀袋を置きます。

2

左の角を折ります。

3

上の角を折り、次に下の角を折ります。

4

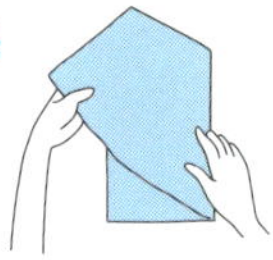

右の角を折り、あまった部分を反対側に折ります。

ご祝儀

金額の目安（知人・友人、仕事関係）

披露宴に出席 …… 2～3万円
披露宴を欠席 …… 5000円～1万円

【弔事】

お通夜や告別式に参列するときは、故人への哀悼の意を込めて、香典を用意します 。

不祝儀袋の表書き

宗派によって表書きの記入方法が違いますが、細部にこだわる人はまれです。各宗派共通の標準的な表書きを覚えておけば、失礼にはなりません。

各宗派共通

上包

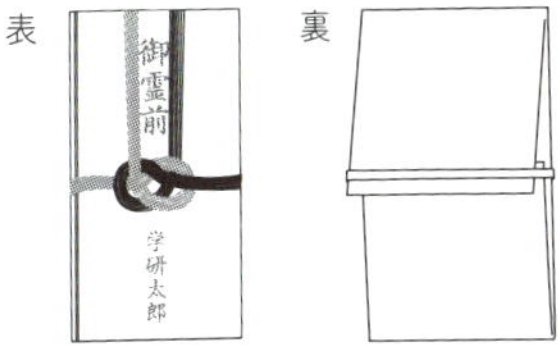

表に薄墨で「御霊前」と書きます。袋は下、上の順に折り、水引をかけます。

中包

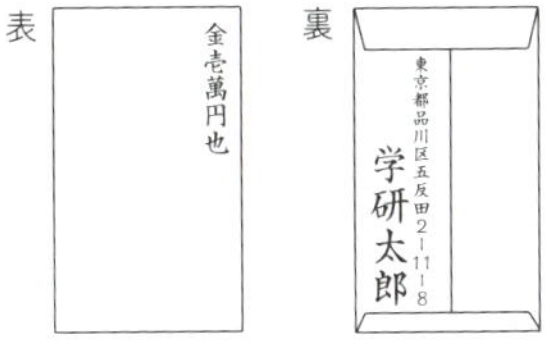

金額は表・裏のどちらに書いてもかまいません。住所と名前は裏側に書きます。

仏式

水引は黒白か双銀の結び切り。表書きは「御香典」「御香料」など。

神式

水引は黒白か双銀の結び切り。表書きは「御玉串料」など。

キリスト教式

表書きはプロテスタントは「お花料」、カトリックは「御ミサ料」など。

ふくさの使い方

1

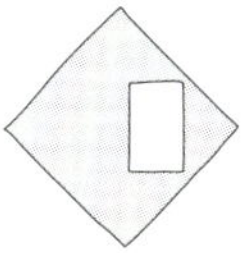

裏面の中央よりやや右に不祝儀袋を置きます。

2

右の角を折ります。

3

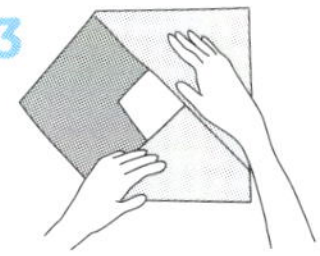

下の角を折り、次に上の角を折ります。

4

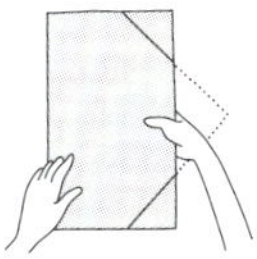

左の角を折り、あまった部分を反対側に折ります。

香典

金額の目安

知人・友人 …… 5000円～1万円
仕事関係 …… 3000円～1万円

【お中元・お歳暮】

お中元・お歳暮では、日ごろお世話になっている人に、食べ物や飲み物などを贈ります。仕事の関係者には、会社として贈る方法もあるので、上司と相談を。

お中元・お歳暮を贈る時期と表書き

お中元は7月15日(関西では8月15日)までに、お歳暮は12月中旬～12月20日ごろまでに贈ります。タイミングをのがしたら、下の表を参考に表書きを変えます。

	時期	表書き
お中元	7月16日～立秋(8月8日ごろ)	「暑中御見舞」 「暑中御伺」(目上の人へ)
	立秋後(8月9日ごろ)～9月上旬	「残暑御見舞」 「残暑御伺」(目上の人へ)
お歳暮	12月21日ごろ～年内	「御歳暮」 「献上」(年内に届くか不明の場合)
	松の内(1月1日～1月7日)	「御年賀」 「新年の御挨拶」
	松の内後(1月8日)～立春(2月4日)	「寒中御見舞」 「寒中御伺」(目上の人へ)

お中元・お歳暮の表書き

表書きは、筆か筆ペンで、楷書で大きく書きます。

表書き

紅白蝶結びの水引(印刷されたものでもOK)の上に、濃い墨文字で、「御中元」「御歳暮」と書きます。

差出人の名前

水引の下側、中央に、表書きより小さめの文字で名前を書きます。会社を代表して贈る場合は、会社名や部署名、肩書き、代表者の氏名を書きます。

お中元・お歳暮を受け取ったときの対応

お中元やお歳暮は、感謝の気持ちを伝えるもの。感謝に感謝のやりとりをしているとキリがなくなるので、お返しの必要はありません。電話やメール、お手紙でお礼を。

お中元・お歳暮

金額の目安

特別にお世話になっている人 …… 1万円前後
仕事関係 …… 3000円～5000円

【お祝い事】

親しい人のお祝い事は、ともに分かち合いたいものです。その気持ちを表すために、品物や現金を贈ります。突飛な品を選んで困惑させないように注意。

お祝い：品物の場合

一般的には、表書きは「御祝」だけでかまいません。病気が快復した方には「御快復御祝」などと名目を書きます。水引は、出産などくり返してほしい慶事には結び直せる「蝶結び」を。快気祝いは「結び切り」を。

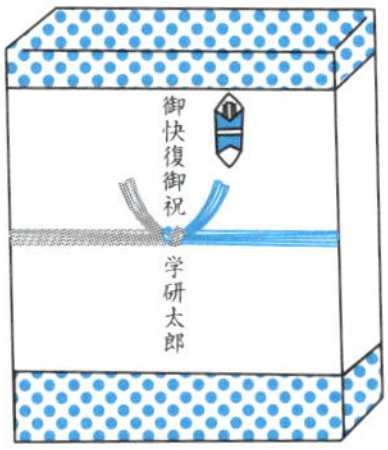

お祝い：現金の場合

「御入学祝」など４文字は縁起が悪いと気にする人もいるので、「御入学御祝」などとします。品物の代わりに現金を贈る場合は、「茶碗料」など、贈りたい品の名前を書きます。

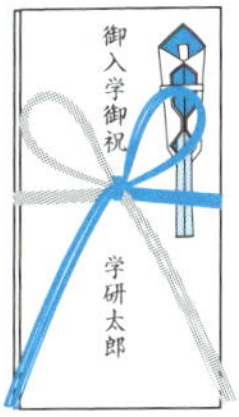

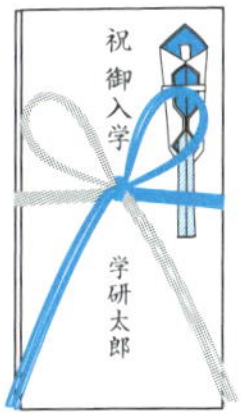

お祝いの種類と金額の目安

種類	金額の目安	作法
出産祝い	3000円～5000円	贈り物としてはベビー用品がベスト。 出産１か月後をめどに贈ります。
昇進祝い	1人 3000円～5000円	お世話になった上司や同僚に、 組織全員の連名で贈るのが一般的。
入学祝い	3000円～1万円	親しい間柄か、親戚の子どもに。 品物なら、希望を聞いておきます。
新築祝い	5000円前後	お祝いの品を持参するのが正式な贈り方。 入居後、落ち着いたころに。
卒業祝い	3000円～1万円	中学・高校なら学用品。 大学生なら新生活に必要なものを。
受賞祝い	3000円前後	祝電を打つだけでもOK 。 贈答品としては、花やお酒が一般的。

STAFF
装幀・デザイン　櫻井ミチ
イラスト　速水えり
編集協力　ヴァリス
校正　東京出版サービスセンター

●本書は、『使える！ うまくいく！ おつきあい・気くばり マナーの便利帖』『使える！ 信頼される！ 見た目としぐさ マナーの便利帖』（学研プラス）を一部加筆し、再編集したものです。

人づきあいも仕事もスムーズに
大人の気くばり帖

2021年1月19日　第1刷発行

監修　澤野 弘
（NPO法人 日本サービスマナー協会 理事長）
発行人　中村公則
編集人　滝口勝弘
企画編集　浦川史帆
発行所　株式会社 学研プラス
〒141-8415
東京都品川区西五反田2-11-8
印刷所　中央精版印刷株式会社

《この本に関する各種お問い合わせ先》
●本の内容については、
下記サイトのお問い合わせフォームよりお願いします。
https://gakken-plus.co.jp/contact/
●在庫については　☎03-6431-1201（販売部）
●不良品（落丁、乱丁）については　☎0570-000577
学研業務センター　〒354-0045 埼玉県入間郡三芳町上富279-1
●上記以外のお問い合わせは　☎0570-056-710（学研グループ総合案内）

学研の書籍・雑誌についての新刊情報・詳細情報は、下記をご覧ください。
学研出版サイト　https://hon.gakken.jp/